朝日新書
Asahi Shinsho 915

教育は遺伝に勝てるか？

安藤寿康

朝日新聞出版

はじめに

ふたごが教えてくれること

　ひょっとしたらこの本をお手に取ったあなたは、これを子育てのマニュアル本と思ったかもしれません。そうだとしたら、申しわけありませんが、期待はずれになってしまうかもしれないので、はじめにお断りしておきます。これは科学書です。行動遺伝学に基づいて、子育てについて言えることを、できるだけわかりやすくお話ししようと思って書いた本です。

　行動遺伝学という名前になじみのない方もたくさんいらっしゃると思います。これは読んで字のごとく、行動に及ぼす遺伝の影響を明らかにする学問です。本書ではヒトの行動（特に知能や学力、パーソナリティ、精神病理、反社会性など、人間の社会生活に大きくかかわる心の働きのあらわれとしての行動）の個人差に、遺伝がどの程度、どのようにかかわっているかを、科学的な方法を用いて解き明かそうとする人間行動遺伝学に基づいて、お話を繰り広げていきます。ここで「行動」とは心の働きが生みだすあらゆる側面をさします。私は、行動遺伝学の科学的な方法としてもっともよく用いられる双生児の研究に、30年以上にわたりたずさわり、これまでに1万組を超すふたごの方々の協力を得て、人間行動への遺伝の影響を明らかにする研究に従事してきました。

あとで詳しくご紹介しますが、私たちの研究にかかわってくださったふたごのライフヒストリーをうかがうと、遺伝子が全く同じ一卵性双生児のきょうだいの人生経験が、しばしば実によく類似していることに驚かされます。たとえば生まれたばかりのときに産湯につかった記憶を鮮明に覚えていて語ってくれるふたごがいます。彼らは高校のときにどちらも学校の活動で、一人は環境ホルモンの話、もう一人はコンピュータプログラミングの最先端の話を、それぞれ専門家から聞いて興味を抱き、どちらも同じ大学の同じ学部に、一方は現役で、もう一方は一浪して進学し、別々の大学の大学院まで進んで、現在どちらもＩＴにかかわる仕事で活躍しています。

また子どものころから絵を描くのが大好きだったふたごがいます。彼らは小学校のとき、別々のクラスでそれぞれ自分が絵を描いたカードゲームをクラス中に流行《はや》らせます。こちらは一方が理工学部建築学科に入学、もう一方も同じ大学を受けますが、失敗して別の大学の理工学部でコンピュータプログラミングを学び始めるものの興味が続かず、1年遅れてきょうだいと同じ学部学科に入学します。そして一方は都市計画、他方は建築デザインとちょっと違う分野を専攻し、都市計画に進んだ方は大学の講師として、他方は有名な建築デザインのオフィスで、いずれもただ単に建物の設計だけではなく、建物を取り巻く環境までを哲学的に考えながら設計する仕事に従事しています。

子どものころからバレエを習っていた踊るのが好きな女性の一卵性双生児は、一方はチアリーディングの盛んな高校で活躍、その後、専門学校で鍛えた英語を生かした仕事をしながらプロのバレエ団に所属し、掛け持ちで仕事をし続けましたが、いまはやめてもっぱらバレエ鑑賞を楽しんでいます。他方は同じ高校の入試に失敗し、別の高校で「暗黒の高校時代」を送ることになります。踊りからも離れて短大に進み、服飾の会社に勤めていたとき、フラダンスをしている友人の演技を見る機会がありました。これなら自分もできると本格的に習い始め、いま100人を超える生徒を一人で教えるフラダンスの教室を経営しています。踊りのジャンルや本格的にかかわった時期は違いますが、いずれも正統的な芸術としての高いレベルの踊りを求めようとする姿勢が常に根底にあることが語られます。

一卵性双生児のきょうだいのこうした類似性は、遺伝子がただ顔や形だけでなく、物事に対する関心や好きなことの方向性、発揮される能力、他人との関係のつくり方など、心の働きの部分にまで、何らかの形で影響を与えていることを教えてくれます。こうしたふたごの実例から垣間見られる遺伝の影響を、より精緻な心理学の方法論と遺伝学の理論によって明らかにしようとするのが行動遺伝学です。

こうしてふたごの類似性を通して遺伝の影響を明らかにしようとすると、遺伝の影響があらわれるきっかけとなる環境の影響や、遺伝によっては説明できない環境の影響まで、同時に見えてきます。これが行動遺伝学の奥深いところです。行動遺伝学はその名が示すように単に「遺伝」だけに関心があるのではなく、実は人間の行動に及ぼす遺伝と環境の両方のかかわりを明らかにする学問なのです。

「遺伝によって決まる」の誤解

子育てのマニュアル本の多くは、親がこうすれば子はこう育つ、成績優秀な子どもの親はこんなことばがけをしていたといったような、親のふるまい方が子どもの性格や能力の原因であるように書かれているものが圧倒的に多いように思われます。また子どもがいわゆる「不良」とよばれるような問題行動を起こすようになると、その第一の責任は親であるという考え方もまかり通っています。

このように親の子育てが子どもを決める、親が子どもをつくり上げるという考え方を全面的に否定するつもりはありません。確かに子育ての仕方、家庭教育のあり方は子どもに大きな影響を与えます。しかしこの本では、子どもの成長に大きな影響を与えるもう一つの要因、「遺伝」に着目し、行動遺伝学の第一原則である「いかなる能力もパーソナリティも行動も遺伝の影響を受けている」という科学的事実に従って、子育てについて考えます。一卵性双生児のライフヒストリーが教えてくれるように、行動遺伝学的視点に立つと、ヒトはどんなときでも、環境の言いなりに生きる存在ではなく、遺伝の影響を受けながら環境に対して能動的に自分自身をつくり上げている存在であることがわかります。だからこそ子育てをする親にとっても、子どもが内側に秘めた遺伝の影響を考えることが必要なのです。

ここで「遺伝の影響を受けている」と言ったことによく注意してください。「遺伝によって決まっている」と言ったのではないのです。この違いは重要です。

世の中ではほとんど決まり文句として「遺伝によって決まる」という言い方をします。

そして「遺伝によって決まる」と言ったとたん、それは環境ではどうしようもない、一生変わらないと考えてしまいがちです。そしてそう言ってしまっては子育ても教育も意味がなくなってしまうので、「遺伝の影響は全くない」とか「生まれつきなんてほとんどない」と主張されます。

遺伝に対するこの先入観が、どれほど子育ての考え方をゆがめてしまっていることでしょう。子を持った親なら、その子が生まれつきもっている何かを感じないことはないでしょう。別にそんなふうに育てたわけでもないのに、よく笑う、ぐずつきやすい、おとなしい、かしこい、活発に動き回る、何を考えているのかよくわからない、その子自身が自ずともっている性質やふるまい方、好き嫌いなどがあること、それを親の思い通りに操作できないことを、いやというほど思い知らされているはずです。少し大きくなれば、教えてもいないのに自分から進んでいろんなものに関心を示し始めるでしょう。いいことであれ、悪いことであれ、そこにはその子のもって生まれたものがあらわれています。特に二人目のお子さんが生まれれば、一人目の子どもとそんなに大きく育て方を変えているわけではないのに、二人の間に歴然とした違いがあることに気づき、生まれつきを感じないわけにはいきません。

しかし同時に子ども自身が自ずとふるまうそのふるまい方に、あなたはあなたなりに一喜一憂し、あなたなりに考えて、何か働きかけを行っているでしょう。それに対して子どもはまたその子なりに反応し、あるいはおかまいなしにふるまい、それをみてまたあなたは子どもに働きかける……日々続くそのやり取りの中で、やがて子どものふるまいのどこまでが子どもがもともともっていたもので、どこからが親のかかわり方や育て方によるものか、その境目がわからなくなります。そのうち、子どもの能力や性格のすべてが親の育て方とかかわっていて、問題があったら親のかかわり方に責任があるものと考えてしまいます。そして多くの子育てのマニュアル本には、まさにその考え方に従って、「子どもを信頼し認めてあげましょう」「ほめてあげましょう」と、迷える親たちに心の支えとなるアドバイスが書かれています。

なぜ子育て本通りに育つ子がいるのか

しかしこの本では、子育てのマニュアル本がおそらくほとんど強調しないであろう子どもの遺伝について、行動遺伝学という科学の知見に基づいてお話しします。行動遺伝学では、子どもの能力や性格など、心や行動にかかわるあらゆる側面に遺伝の影響が無視できないことを、膨大なエビデンスから明らかにしてきました。顔立ちが一人ひとり異なる遺伝の影響を受けてその人らしさのもととなっているのと同じように、ヒトの脳のつくりも一人ひとり異なる遺伝の影響を受けています。そしてそこから生み出される心の働き方や能力の発揮の仕方も、その人特有の特徴をもっています。これはヒトのみならずいかなる動物も、遺伝子が作り出しているのだということを考えれば、当たり前の事実です。

にもかかわらず「遺伝」といったら「環境でどうにもならない、生まれつき決められたもの」という根深い先入観があるために、遺伝の影響力について頭ごなしに否定しがちです。もしくは「遺伝だから仕方がない」と諦めるための言い訳に使いがちです。

しかし遺伝子が生み出す生命現象は、そんなガチガチの硬いものではありません。遺伝子は自らを生き長らえさせようと、環境に適応するような仕組みを作り、環境の変化に対して柔軟に反応します。子育ての仕方も子どもからみれば環境の一つであり、それに応じて遺伝子を表現しています。それをみて、子どもは環境しだい、子育ての仕方しだいと錯覚するのは無理からぬことですが、そもそも親の子育て環境にどう反応するかが、子どもの遺伝子のなせる業なのです。

かくして子どもは、そしてどの年齢の人間も、それぞれが自らの内にもっていつも持ち運んでいる遺伝の影響を受けながら、時々刻々変化する環境に適応しようと脳を働かせ、体を動かし、自らの人生をつくり上げています。その意味で、ヒトの行動はどの瞬間も遺伝と環境の両方から影響を受けて、一人ひとり独特な経験を紡いでおり、子育てマニュアル本のように「こうすればこう育つ」「こうなったのはこんな育て方のせい」などといった単純な因果律が成り立っているわけではありません。もしマニュアル通りのことが起こったとしても、それは親の子育ての仕方だけが原因なのではなく、子どもの側にも親の子育ての仕方をマニュアルにあるように促すような遺伝子が関与していた可能性があるのです。

本書によって、子育ての見方や姿勢がこれまでとはちょっと違ったものになってもらえれば、また遺伝というものが運命を決める悲観的なものではなく、ダイナミックで魅力的なものだということに気づいてもらえれば幸いです。

図版制作　師田吉郎
校閲　くすのき舎

教育は遺伝に勝てるか？

目次

第１章

遺伝は遺伝せず

――基本はメンデルにあり

『エデンの東』に見る遺伝

『エデンの東』は、1955年に製作された古い映画にもかかわらず、いま観ても色あせることのない名作の中の名作です。何よりも本格的な映画としては初出演にして主役のキャルを演じたジェームズ・ディーンの、自らを滅ぼすほどに透明な繊細さをもった青年像が普遍的な魅力を放ち、何度観ても心が揺り動かされます。優秀な兄アロンばかりをひいきにする善良な父親の愛を不器用に求めては軽卒なふるまいに至り、いつも裏目にでて父親の逆鱗に触れることになって、ことごとく裏切られ続けるキャル。彼は死んだと知らされていたはずの自分の母親が、実はいかがわしい酒場を営んで大儲けをしている、善良な人たちからは忌み嫌われていた人であったことを知り、そのいかんともしがたい自らの性悪さを「やっぱり遺伝だったんだ」と嘆きます。

「遺伝」とは、しばしばこのように親から受け継いだ逃れることのできない運命の源としてうけとられます。「血は争えない」などと言ったりもします。それが勇敢さ、強さ、賢さ、美しさといった良い性質の場合もありますが、特に眉をひそめられるのは、キャルのように、社会でつまはじきにされるような性質に対してでしょう。それは社会で負の烙印を押されるようなことがら、たとえば犯罪、愚鈍、性悪、淫乱、怠惰、醜悪などにあてはめられます。

第二次世界大戦中のドイツでは、ユダヤ人が遺伝的劣等民族だという全く根拠のない非科学的な理由でジェノサイド（民族の絶滅を目的とした大虐殺）の標的となり、何百万もの罪のない人たちが抹殺されました。この歴史があるために、遺伝について語ることは、こんにちタブー視されがちです。いまでも特に社会科学においては、人間の行動について遺伝を持ち出して説明することを避けようとする風潮が残っています。

いかなる理由があれ、この世に生を受けた人間を抹殺することを正当化するのは許されません。これを許したら、論理的に、誰もが抹殺の対象になりえます。なぜなら、悪や劣等である理由など、いくらでもでっちあげることができるからです。そしてその理由を信ずる人が生まれれば、抹殺が正義の名のもとに正当化されると勘違いできてしまうように、悲しいかな、人の心は出来上がっているようです。宗教団体の悪徳商法に加担したと信じて元首相を死に至らしめたり、ウクライナを誇り高き自国を侵害してきた「ナチの国家」だと言いがかりをつけているロシアしかりです。

「遺伝」はまさにその正当化の理由に取り上げられたその歴史から、逆に遺伝には触れないようにする傾向が、正義の名のもとに正当化されてきました。

しかし科学の発達によって、その「遺伝」をすべて解き明かせるという機運が高まってきています。「遺伝」と聞くと、反射的に目をそむけ耳をふさぎ思考停止させてしまう「善意」の気持ちと、分子のレベルから遺伝子の仕組みを明らかにしつつある科学の流れのへだたりが、深刻なまでに大きくなっているのが、まさにこの現代です。ですから、遺伝については、その「やばい」イメージを一度脇に置いてでも、その科学的事実についてきちんと理解しておく必要があります。

遺伝は遺伝せず

遺伝のことをお話しするにあたって、遺伝ということばのもつ最大の誤解を解いておかねばなりません。

それは「遺伝は遺伝せず」ということです。

まるで禅問答のようだと思われるかもしれませんね。しかしそれは中学校の理科の授業で習った「メンデルの法則」をちょっと応用すれば簡単にわかることです。

能力やパーソナリティは遺伝だというと、皆さんはたいがい親と子の間でそっくりなところを探そうとするでしょう。「ぼくの野球の能力は父親ゆずりなんだ」「おかあさんがせっかちなのが私に遺伝したのよ」のように。実際、プロ野球の長嶋茂雄《ながしましげお》・長嶋一茂《かずしげ》、小説家の吉行《よしゆき》エイスケ・吉行淳之介《じゅんのすけ》、ファッションデザイナーの小篠綾子《こしのあやこ》とその三人娘（コシノヒロコ、コシノジュンコ、コシノミチコ）など親子二代はもとより、俳優の三國連太郎《みくにれんたろう》・佐藤浩市《さとうこういち》・寛一郎《かんいちろう》、作曲家の服部良一《はっとりりょういち》・服部克久《かつひさ》・服部隆之《たかゆき》など三代続いて同じ分野で活躍している人もいますね。歌舞伎、能、狂言など伝統芸能の世界では、それどころではなく何代もの間、その道を究めた人たちがめんめんと連なっています。

　しかし一方で親子でも似ていない場合も少なくありません。たとえばいま例に挙げた長嶋茂雄のお子さんは一茂以外にも三人いらっしゃるそうですが、スポーツキャスターの妹やレーシングドライバーを経て環境管理士の弟など、スポーツと縁はあるものの同じ素質が発揮される職業ではありません。小説家の吉行淳之介の妹の吉行和子《かずこ》は著名な女優で、これも広く表現芸術という意味では同じカテゴリーの仕事かもしれませんが、全く異なる能力が求められる職業です。そんな著名人を例に挙げなくとも、あなた自身やあなたの身の回りには、親とよく似た子ども、似ているところもあるけれど似ていないところも多い子ども、誰に似たのかわからない子どもなど、いろいろな事例が思い浮かぶでしょう。

「家族が似ているのは遺伝」というのは理解しやすいと思われます。特に「はじめに」で少し紹介した一卵性双生児が顔だけでなく経験の仕方や能力まで類似しているのは、やはり遺伝子が同じだからである可能性が高いと言えます。しかし遺伝子を共有している親子やきょうだいが似ないことがあるのはなぜなのでしょうか。

実は似ていないのも遺伝のせいなのです。その仕組みは200年前にメンデル（1822—1884）が見つけ出してくれていました。メンデルはいまのチェコ、当時はオーストリア帝国の中にあったとある村の果樹農家の生まれ。修道院の司祭として勤めましたが、そのかたわら、ウィーン大学に留学して幅広く自然科学を学んだこともある科学の素養のある人でした。そして自分の修道院の裏庭で育てていたエンドウマメを使って、特徴のある株のおしべとめしべの花粉を人工的に受粉させて子どもをつくるという交配実験に8年にわたって没頭した末に、有名なメンデルの遺伝の法則にたどり着きました。

すべてはメンデルの法則にあり

ここからしばらく中学で習ったメンデルの法則を思い出してみましょう。エンドウマメのもつ特徴、たとえば種に当たるマメが黄色か緑かという色の違いや、マメの表面が丸い

図1-1　メンデルの法則

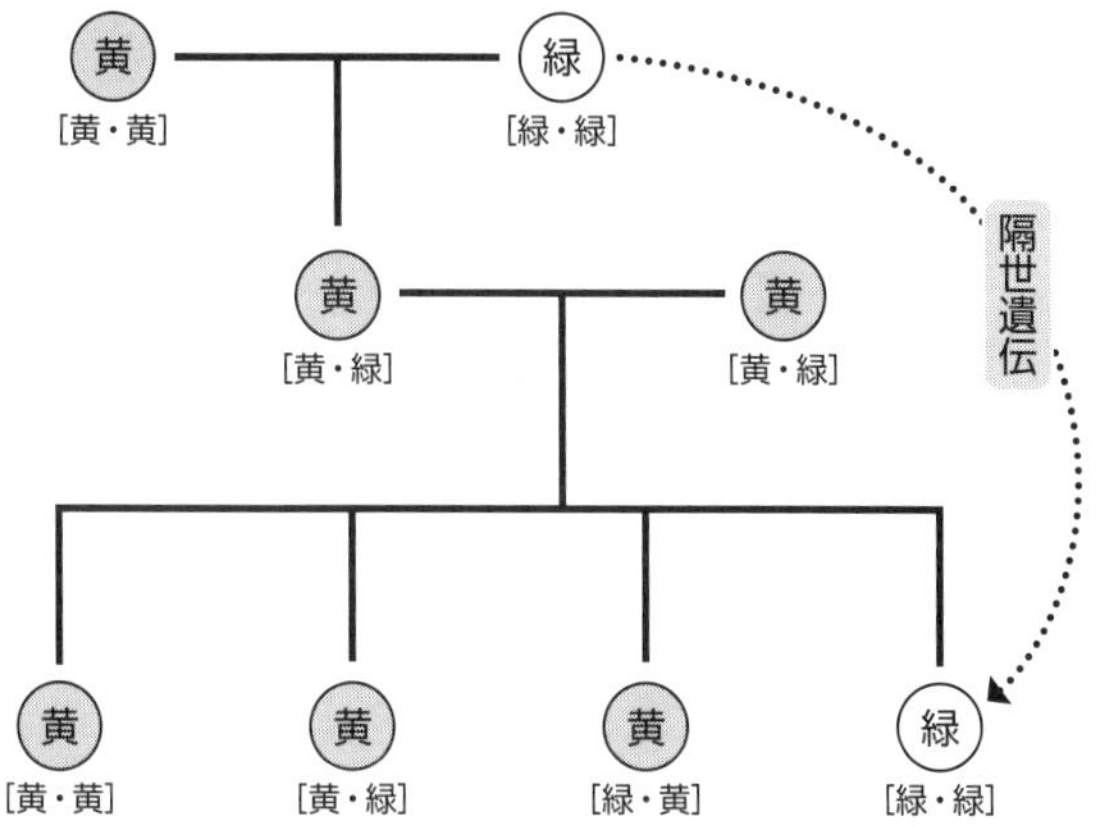

かしわかという形の違いなどが、親世代から子世代にどのように伝わるかの決まりが、いわゆるメンデルの法則でしたね。

マメの色が黄色のものと緑のものを掛け合わせたとき、第一世代の子どもには色水を混ぜ合わせるように、その中間の黄緑色のマメができるかと思いきや、黄色いものばかりが生まれました。次にその黄色い子ども世代どうしで掛け合わせて孫となる第二世代の子どもをつくったところ、みんな黄色になるかと思いきや、黄色なのは全体の4分の3で、一度見えなくなった緑も、4分の1だけまた現れました【図1－1】。

昔から遺伝のつながりを「血族」とか「血縁」といってきたように、親子が似るのは

「血」のせいと考えられていた時代に、どうやら血みたいな液体を混ぜ合わせるような伝わり方はしないという事実に直面したメンデル。さあ、これをどう説明するか？

ここでメンデルが考えたのは、こうした形質（生物学的な特徴）の伝達をつかさどっているのが、液体ではなくツブツブのような要素だというアイデアでした。混ざって薄まることがないとすれば、もともとマメの色を黄色にしたり緑にしたりする、薄まることのない確固とした要素があるはずだと考えたわけです。それがいまでいう「遺伝子」です。

ここで親がもっている遺伝子をそっくりそのまま子どもに受け渡すとすると、男（おしべ）と女（めしべ）の両方の親から遺伝子を受け継いだ子どもは、親の2倍の遺伝子をもってしまうことになります。そのまた子どもは4倍、そのまた子どもは8倍……おやおや、これでは無限に遺伝子は増えてしまうことになります。これは明らかにおかしいですね。

そこでメンデルは、もともと遺伝子は二つで一組の対をなしており、それが子どもに伝わるとき、半々に分かれてどちらか一方が子どもに受け渡されると考えました。そうすれば、両親（第一世代）からそれぞれ一つずつ受け継いだ遺伝子が、子ども（第二世代）でまた二つ一組になり、遺伝子の数は変わりません。そしてその子どもが孫世代（第三世代）をつくるときも、やはり遺伝子対が二つに分かれて伝わるという具合で、常に二つ一組の状態になります。この2種類の遺伝子が一組になったときの組み合わせを「遺伝子型」といいます（**図1－1**のかっこ内）。またある特定の遺伝子型を作っている個々の遺伝子を「対立遺伝子」あるいは「アレル」と呼びます。

一組の遺伝子型をつくる遺伝子が、子どもに受け渡されるとき二つに分かれる仕組みを「減数分裂」といいます。減数分裂で重要なのが、第一世代の親自身がそれぞれもっている一対二つの遺伝子のどちらが伝わるかは、全くの偶然によるというところです。親のもつ一対の遺伝子のうち、どちらか一方が子どもに「ランダム」に伝わって、新たな遺伝子対となるのです。

ここで生命現象の重要なキーワードである「ランダム」、あるいは「ランダムネス（ランダムであること）」が登場したことに注目してください。ランダムとは、サイコロをふったときの目の出方のように、規則性のないこと、一定の法則に従っていないことを意味します。規則性がありませんので、何が出るか、どんな組み合わせになるかわかりません。神のみぞ知る？　いいえ、神さまにもわからないと言った方がいいでしょう。生命現象がしばしば予測不能で不可思議なのは、その根底に常に偶然がおりなすランダムネスが潜んでいるからです。

これは大変重要なことです。親からどんな遺伝子の組み合わせをもった子が生まれるかは、科学がどれだけ発達したとしても、わからないのです。近い将来、ひとたび出来上がった受精卵の遺伝子の組み合わせを調べれば、それがどんな性質をもっているのかがわかる時代は来るでしょう。場合によってはそれを意図的に選別することができるようになるかもしれませんし、ひょっとしたらゲノム編集という技術を使って、特定の遺伝子を親が望む遺伝子に入れ替えることすらできるようになるかもしれません。しかしそれでも、それは偶然による組み合わせでできた受精卵に対して、あとから人為的に選別や改変をするのであって、手を加える前の受精卵の遺伝子の組み合わせはランダムネスに従ってつくられているのです。

「隔世遺伝」はこうして起きる

話をまたエンドウマメに戻しましょう。もう一度25ページの【図1−1】をご覧ください。エンドウマメのマメの色の表現型が黄色いのは、黄色くする遺伝子一つによるのではなく、［黄・黄］という組み合わせ（遺伝子型）からなっているからです。同じく緑なら［緑・緑］という遺伝子型からなっている。それが子どもに伝わるときは、黄色いマメのおしべ（または、めしべ）からは［黄・黄］の組み合わせのうち一方の［黄］遺伝子が、緑のマメのめしべ（または、おしべ）からは［緑・緑］の組み合わせのうち一方の［緑］遺伝子が受け渡され、子どもでは［黄・緑］（［緑・黄］でも同じ）の組み合わせになるという具合です。

この［黄・緑］の組み合わせの遺伝子型がつくり出したマメの色の表現型が、黄色と緑の中間の色である黄緑色にならず、黄色になるというところも重要です。目に見える見かけの特徴（表現型）はどちらも黄色で、これは［黄・黄］の遺伝子型の表現型である黄色と区別がつきません。ここでメンデルはマメの色にかかわる遺伝子対をつくる遺伝子の種類に、特徴がはっきり表に現れるもの（優性または顕性、エンドウマメの色だと黄色）と、隠れてしまうもの（劣性または潜性、エンドウマメの色だと緑）があり、［黄・緑］の遺伝子型では劣性である緑の特徴は隠されて、優性である黄色が表現型になると考えました。これが「優性の法則」です。

この［黄・緑］の遺伝子型をもった第二世代どうしが交配して孫である第三世代をつくるときは、やはり減数分裂で分かれた［黄］遺伝子と［緑］遺伝子とが同じ数だけ伝わり、それがランダムに組み合わさります。その結果、［黄・黄］（表現型は黄）、［黄・緑］（黄）、

［緑・黄］（黄）、［緑・緑］（緑）の4種類の遺伝子型が同じ数だけつくられます。かくして、表現型としては黄色が3に対して緑が1、つまり黄色が全体の4分の3の分離比になる。この仕組みを「分離の法則」といいます。

ちなみに、第一世代にあった緑が、第二世代では見えなくなりますが、第三世代でまた現れます。これがいわゆる「隔世遺伝」の正体です。

完全にメンデルの法則の復習になっていますが、この仕組みはエンドウマメの色だけではなく、ヒトの能力やパーソナリティの遺伝を理解するうえでも同じように使うことのできるとても大切な基本法則ですので、もう少しお付き合いください。

遺伝子型が［黄・黄］でも［黄・緑］でも、どちらも表現型は黄色になり区別がつかないわけですね。にもかかわらずメンデルが最初の親として選んだマメの黄色い株の中には［黄・緑］の遺伝子型は混ざっておらず、すべて［黄・黄］だった。ここからメンデルは優性の法則と分離の法則を見つけられたのです。おそらくメンデルも、交配実験を始めた当初、表現型だけをみて黄色の株と緑の株を掛け合わせていたときは、［黄・黄］と［黄・緑］の区別がわからないまま［緑・緑］と掛け合わせていたはずです。ですからその中には［黄・緑］と［緑・緑］との掛け合わせも一定数混じっていたでしょう。この組み合わせだと、この子どもは［黄・緑］（表現型は黄色）と［緑・緑］（表現型は緑）が1対1の同数になり、子ども世代を全部みてみると一応たくさん黄色ができるけれど、緑も若干混ざっていて、優性の法則を導き出せなかったでしょう。

そこでメンデルはきっと「それなら黄色どうしを掛け合わせたらどうなるか」と考えて実験したはずです。親の遺伝子型が［黄・黄］どうしなら子どもはすべて［黄・黄］になりますね。［黄・黄］と［黄・黄］と［黄・緑］どうし掛け合わさっていても、その子どもの遺伝子型は［黄・黄］と［黄・緑］となって表現型はすべて黄色です。しかし［黄・緑］どうしで掛け合わせていたら、黄色3に対して緑1の割合で、緑が混ざる。なぜ黄色どうしで掛け合わせたのに緑が出てきてしまうのだろう。この緑が出てくるのをなくして、必ず黄色しか出てこない株をつくれないだろうかとメンデルは考えたでしょう。そして、もう一度その子どもの中から黄色だけ選んで掛け合わせてみようと試みたでしょう。その一番手っ取り早いのは親が自分の子どもと自分自身を掛け合わせることで、これを自家受粉といいます。ヒトではそんな非倫理的なことはできませんが、エンドウマメならできるわけです。それでもまだ一定数の［黄・緑］による黄色が混ざっていますから、やっぱり緑が生まれる。でも前より少なくなったはずです。そして何世代も何世代も黄色のものだけを掛け合わせていったとき、［黄・緑］による黄色がなくなり、すべてが［黄・黄］による黄色に到達したことでしょう。そしてそれができたら、そのあとどれだけ黄色を掛け合わせても緑は出てこなくなります。すべてが［黄・黄］のように同じ遺伝子でそろった状態になったものを、遺伝学では「純系」といいます。エンドウマメの純系を作らなければ、科学的に確かな遺伝の法則を見出《みいだ》すことはできません。この純系を作らなければ、エンドウマメは種まきから収穫まで半年近くかかりますので、これを純系にたどり着くまで繰り返すと、それなりの年月がかかります。これがメンデルが遺伝の法則を発見するのに8年もの歳月がかかった理由の一つだと考えられます。

形質の組み合わせはランダムに遺伝する

しかしメンデルが純系をつくって遺伝の法則を発見するのに8年かかったのは、マメの色だけに注目していたわけではなかったからだと思われます。彼はそれ以外に、マメの形（丸かしわか）、さやの色（黄色か緑か）、背丈（高いか低いか）、さやのふくらみ（膨らんでいるか平らか）、花の色（紫か白か）、花の咲く位置（茎の先端か茎全体か）という六つの対立する形質が、それぞれにマメの色と同じ法則に従って遺伝することを、やはり純系をつくって確かめたのです。

そこでわかったのが、これら七つの形質がみんな「独立」に遺伝するということでした。つまりマメの色と形は別々（たとえば黄色だと丸になりやすいなどということがない）、マメの色とさやの色も別々（たとえばマメとさやがともに緑になりやすいなどということがない）、背丈とふくらみと花の位置も、とにかくどんな組み合わせに着目しても、それぞれが別個に独立に伝わり、その組み合わせはランダムだということです。これを「独立の法則」といいます。さあ、ここにも生命の本質にかかわる「ランダムネス」が登場しました。

どの形質にかかわる遺伝子も、他とは独立に伝わりますから、マメの色だけに着目して純系をつくっても、他の形質についてはよほど注意を払わなければなかなかこの独立の法則は見つけ出せなかったでしょう。またエンドウマメのもつ形質といったら、この七つの対立形質だけでなく、マメの硬さとか収穫量とかおいしさとか枯れるまでの寿命とか、数えられないくらい考えられるでしょう。その中で、この独立する七つに絞り込んだのはメンデルの卓見です。そこに8年の経験値が効いていたのだと思われます。これこそまさにメンデルの努力と熱意と執念を感じないわけにはいかないでしょう。もしこの組み合わせの発見も偶然にランダムに見出したのだとしたら。

生命現象の基本の一つがランダムネスにあることは確かです。しかしメンデルのこの偉大な発見についていう限り、実際は彼がランダムな行き当たりばったりで偶然この法則にたどり着いたとは思えないふしがあります。彼はおそらくその8年のうちかなり早い時期、実験の結果を得る前から、この法則を予測し、その予測に導かれて、ほぼ確信をもって実験を続けていたと推察されます。その証拠に、分離の法則で見出された黄色と緑が3対1になるという結果を論文で発表したときの数値は、本当にランダムに任せて交配したら実際にはありえないくらい正確な3対1に近い値で、いまなら捏造《ねつぞう》を疑われてもおかしくないくらいなのです。おそらくこの独立する七つの形質も、ランダムに選んだ他の形質ではなくこれらが独立であるだろうとめぼしをつけていたのでしょう。

実は特殊だったメンデルの法則

実のところメンデルの法則は、その後の研究から、遺伝の法則の中では特殊事例であることがわかってきました。さらに一般的な法則が見つかったのです。

第一に1カ所の遺伝子対がそれだけでここに挙げた形質に関与しているというのがそもそもの例外で、実際には生命の形質にはどれをとってもたくさんの遺伝子がかかわってい

図1-2　対立遺伝子の組み合わせによる表現型

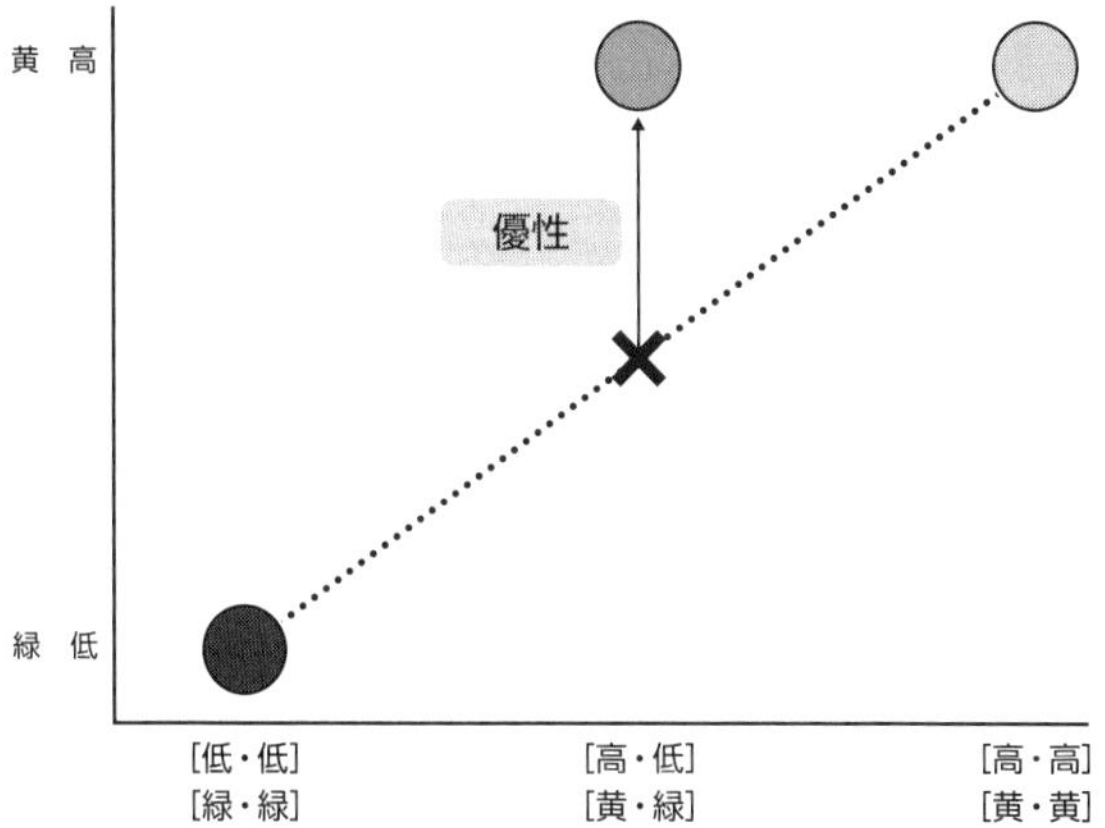

ます。エンドウマメの背丈は高い・低いの2種類を考えればよいものでした。しかしヒトの背丈は高い人と低い人の2種類しかいないわけではなく、低い人から高い人までグラジュアルに変わるものです。最近の分子遺伝学の研究では身長にかかわると思しき遺伝子（正確にはすぐあとに紹介される「塩基」の違い、分子生物学で一塩基多型、SNP〔スニップ〕と呼ばれるもの）は1万2000個ほどあると推定されています。*1

また一つの遺伝子がたくさんの形質にかかわっていることも明らかになりました。なにせヒトの遺伝子の数はせいぜい2万個あまりしかないにもかかわらず、その遺伝子がつくるタンパク質の種類は10万個にもなります。ということはどの遺伝子もいろいろなタンパク質をつくるのにかかわっていると考えざるを得ません。

さらにメンデルの法則では対立遺伝子には優性・劣性の別がありました［図1-2］。［黄］の遺伝子と［緑］の遺伝子が対立遺伝子として［黄・緑］という遺伝子型になると、黄色と緑の中間の黄緑になるのではなく、優性の特色が表現型として現れるというのが優性の法則でした。しかし異なる種類の対立遺伝子の組み合わせがどのような表現型になるかにはメンデルの見つけた優性・劣性だけではなく、いろんな種類の要因があること、しかし原則としては両者の効果を足して2で割った平均値になることが明らかになりました。そのうえで、両者の平均的な値からどの程度違いがあるかを優性あるいは劣性と考えることになりました。

また独立の法則は、その七つの形質にかかわる遺伝子が、都合よく別々の染色体（遺伝子が紐状にならんでいる物質）にあるから生じた現象で、もしそのうちの二つが同じ染色体の上の近い場所にある遺伝子だったら（たとえばマメの色の遺伝子と背丈の遺伝子が同じ染色体上の隣どうしにあったとしたら）、一緒になって伝わる（たとえばマメが黄色ならいつも背

図1-3　染色体上の遺伝子組み換えの仕組み

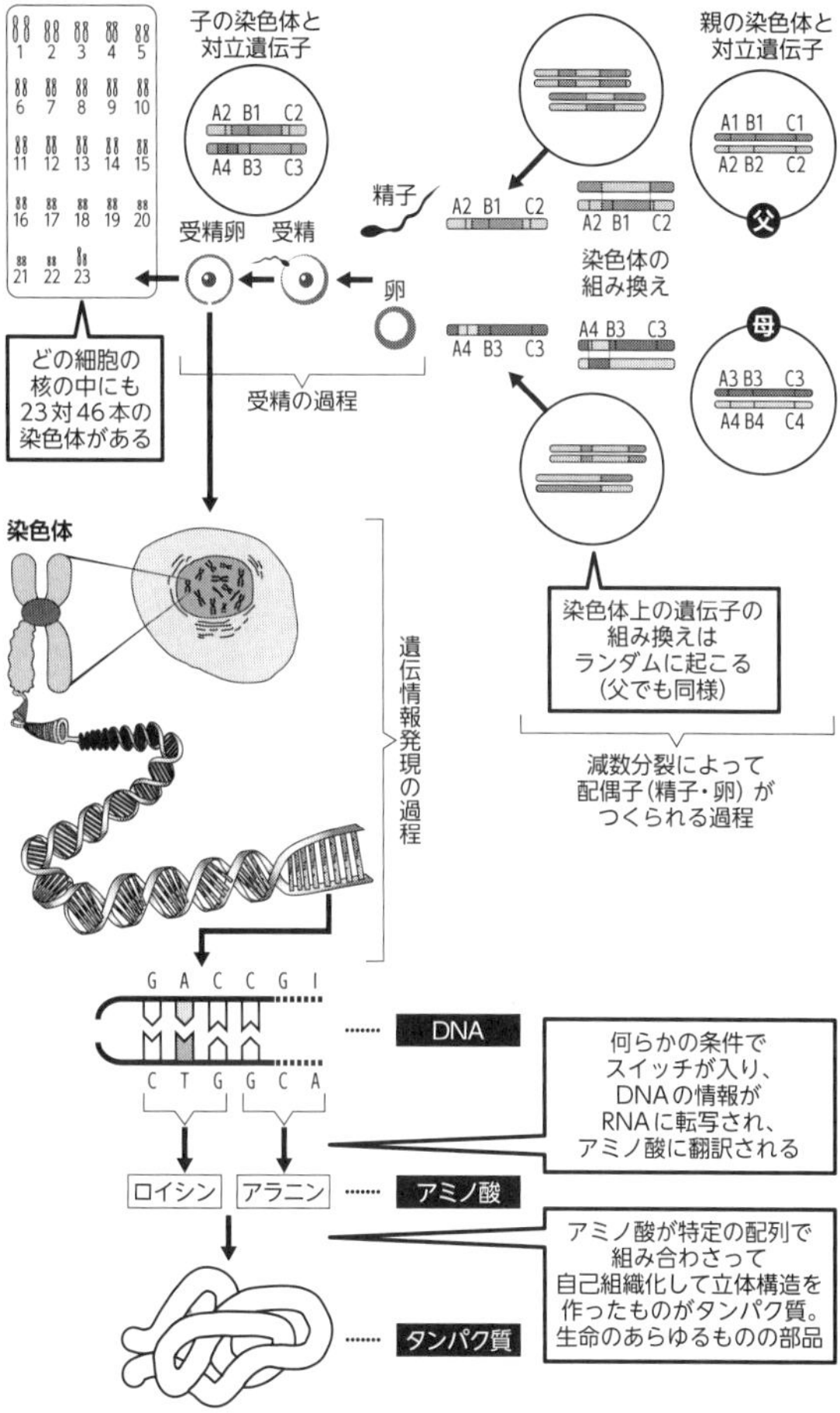

子の染色体と対立遺伝子
A2 B1 C2
A4 B3 C3
親の染色体と対立遺伝子
A1 B1 C1
A2 B2 C2
父
母
A3 B3 C3
A4 B4 C4
精子
A2 B1 C2
染色体の組み換え
A4 B3 C3
受精卵
受精
卵
どの細胞の核の中にも23対46本の染色体がある
受精の過程
染色体上の遺伝子の組み換えはランダムに起こる(父でも同様)
減数分裂によって配偶子(精子・卵)がつくられる過程
染色体
遺伝情報発現の過程
G A C C G T
C T G G C A
DNA
何らかの条件でスイッチが入り、DNAの情報がRNAに転写され、アミノ酸に翻訳される
ロイシン
アラニン
アミノ酸
アミノ酸が特定の配列で組み合わさって自己組織化して立体構造を作ったものがタンパク質。生命のあらゆるものの部品
タンパク質

が高いというように）いわゆる「連鎖」という現象が起こっていたはずなのです。実際は同じ染色体上にあっても、距離がある程度離れていれば、減数分裂で二つに分かれる際に、その間でランダムに（またまた出ましたランダムネス）組み換えが起こるので【図1－3】、ほぼ独立とみなせます。それにしてもたまたま選ばれていたかのような七つの形質が、都合良く全部違う染色体の上に乗っていたことがあとからわかったときは、やはりメンデルは偶然それを選んでいたのではなく、それがのちに見つかる染色体の別々のものの上にあることを予測していたのだろうとささやかれています。

そして何より、メンデルの描いた遺伝子のイメージが実際ともっとも異なるのは、遺伝子がツブツブのような要素ではなく、DNAという長い紐をつくっているA（アデニン）、T（チミン）、G（グアニン）、C（シトシン）と略記される4種類の塩基の配列がズラーッとならんだ中に散らばって存在していることでした。そしてその塩基配列が、ありとあらゆる生命を物理的につくり上げているタンパク質の性質と形を決めており、さらにそのタンパク質を作る働きを柔軟に環境に合わせて調節しているものだったということです。そのおおもとのDNAが、ヒトの場合23対46本の染色体という物質の上に乗っており、総数

30億対の塩基配列の中に、2万あまりのタンパク質をつくる遺伝子と、その遺伝子をどのように働かせるかの情報が詰まっていることがわかってきたのでした。

正体はポリジーンのランダムな伝達

こうしたその後の遺伝子の伝達の仕組みについての知見をふまえたとしても、やはりメンデルの発見した遺伝の法則は永遠に不滅です。その中でも、これまでに繰り返し強調してきたランダムネス、つまり遺伝子が親から子に伝わるとき、対立遺伝子のどちら側が伝わるかも、また他の遺伝子とどのような組み合わせで伝わるかも、基本的にはランダムであるということが、これからの能力やパーソナリティの遺伝について理解するときに重要になります。そこにこそ「遺伝は遺伝せず」という禅問答の答えがあります。

ここでまず重要なのが、先に述べたように、たいがいどの形質にも複数の遺伝子が、それもかなりたくさんの遺伝子がかかわっているということです。「複数の」は英語でポリ(poly-)、遺伝子はジーン(gene)といいますので、たくさんの遺伝子に支配されているような様式を「ポリジーン」といいます(それに対して血液型のようにたった一つの〔モノ=mono-〕遺伝子に支配されているものはモノジーンといいます)。身長には個人の間で1万2

000カ所の塩基の違いがかかわっているらしいといいました。これがもしたった1カ所の二つの塩基［A］と［G］のいずれかだけからなっていたとしたら、バリエーションは［A, A］［A, G］［G, G］の3種類しかなく、AがGに対して身長を1ポイント高くする塩基で、両者が足し算的に効くとすると［A, A］なら+2、［A, G］なら+1、［G, G］なら0になって、その比は［G, G］対［A, G］対［A, A］で1対2対1の3段階になります**［図1－4a］**。それがどこかもう1カ所別のところにある［C］と［T］と一緒に働いていて、［C］が［T］に対して1ポイント背を高くする塩基だとしたら、そしてその2カ所が別の染色体上か、同じ染色体上でも遠く離れたところに位置していて、ランダムに子どもに伝わるとすると、その2カ所にある全部で4個の遺伝子の組み合わせのバリエーションは、**［図1－4b］**のように1ポイント高くする遺伝子が4個で4ポイントになる組み合わせが［A, A/C, C］の1種類だけ、3個で3ポイントになる組み合わせが［A, G/C, C］［G, A/C, C］［A, A/T, C］［A, A/C, T］の4種類、2個で2ポイントになる組み合わせが、［A, A/T, T］［A, G/C, T］［A, G/T, C］［G, G/C, C］［G, A/T, C］［G, A/C, T］の6種類、1個で1ポイントになる組み合わせが［A, G/T, T］［G, A/T, T］［G, G/T, C］［G, G/C, T］の4種類、そして1ポイント高くする遺伝子が一つもない組み合わせ

図1-4　ポリジーンの分布

（遺伝子対の数が1カ所(a)、2カ所(b)、3カ所(c)、4カ所(d)）

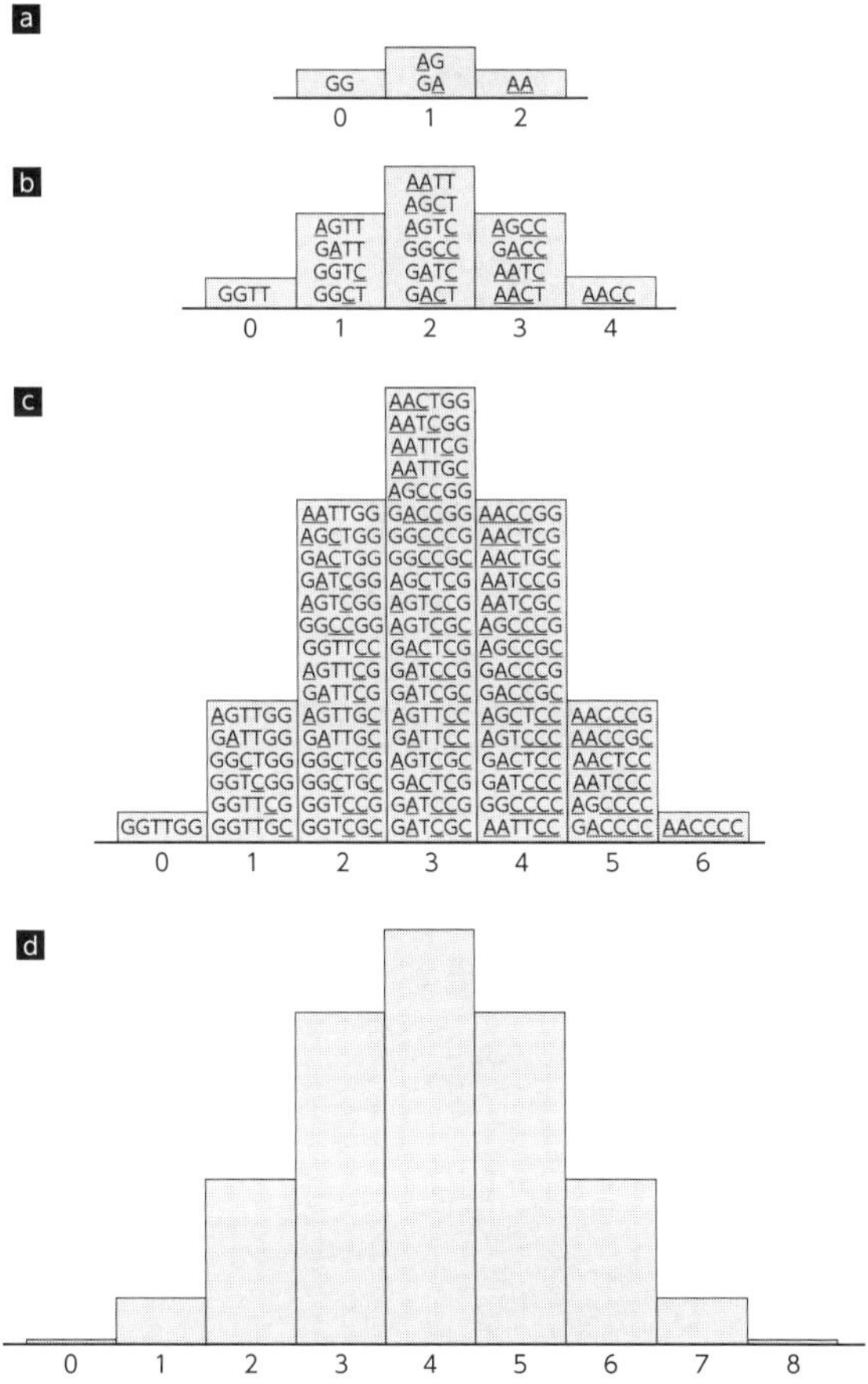

図1-5　身長のポリジェニックスコア分布

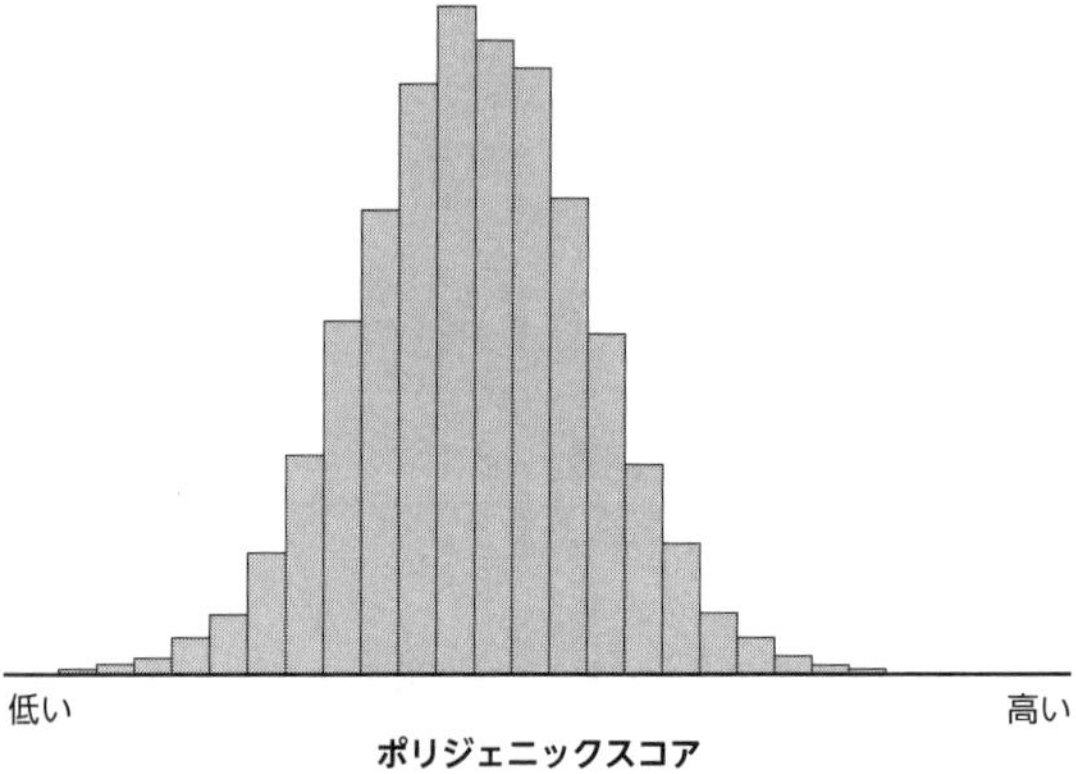

が［G, G/T, T］の1種類だけと、全部で1対4対6対4対1の5段階に分かれます。さらに遺伝子が3カ所［図1－4c］、4カ所［図1－4d］と増えるに従って組み合わせの種類が大きくなることがわかるでしょう。そして実際はこれが1万2000カ所近くあるらしいのです。

［図1－5］は2018年時点で実際に身長について見つかっていた約1万2000カ所の塩基の違い全体から算出された個々の人ごとの遺伝子ポイントの合計（ポリジェニックスコアといいます）の分布を描いたものです。このように真ん中あたりの得点を取る人が多く、高くなればなるほど、ま

た低くなればなるほど、人数は減って、いわゆる釣鐘形の正規分布をとります。これは実際の身長の表現型、つまり身体検査で測定された値の分布とほぼ等しい形です。ただ身長は遺伝子だけで決まっているわけではありません。遺伝の影響力を表す遺伝率は身長の場合80％から90％ですので、残る10％から20％の割合で、遺伝では説明されない環境の影響がさらに身長の高低に多少はかかわってきます。

興味深いのはここからです。ここで一組の夫婦を選びます。それぞれ700カ所の身長にかかわるSNP（35ページ参照）を何らかの組み合わせでもっています。その夫婦からどんな遺伝的素質、すなわちポリジェニックスコアをもった子どもが生まれるか、シミュレーションしてみましょう。紙上で700個でやるのは無理なので、簡略化して5カ所（組）10個のSNP対だけで考えてみます。この5組10個のSNPのそれぞれの遺伝子対は、互いに相手に対して1ポイント高いか（＝1）そうでないか（＝0）の二つの値しかとらないとしましょう。これだと理論的に最低のポリジェニックスコアは10個すべてが0の0点からすべて1の10点までの間に散らばることになります（45ページの【図1-6】の上）。ここで父親も母親も図のように5カ所でポイント1がある計5点の両親から、どのような子どもが生まれる可能性があるでしょうか。どの遺伝子対でもそのうちの小さい方を受け継ぐと2点、大きい方を受け継ぐと8点ですね。もしもこの両親から100人子どもが生まれたとしたら、可能性は【図1-6】の下のような分布になります。集団全体のポリジェニックスコアを示す上の分布と、両親どちらも5点の両親から理論的に生まれるであろう子どもの分布には、ほとんど違いがないことに気づくでしょう。

確率的に一番多く出そうなのは、両親と同じ5点の子どもであることは確かです。その出現確率はだいたい25%です。それと近い4点や6点の子どももそれぞれ21%ほどいますので、親とだいたい同じあたりの子は全部で7割近くにはなるわけです。これなら確かに遺伝は遺伝するといってもうそにはならないでしょう。しかし両親と比べるとかなり低い2点や3点の子や、かなり高い7点や8点の子も、それぞれ15%くらいずついます。こうなると同じく両親の遺伝子が生み出されているのにもかかわらず、似ていないという印象を受けるでしょう。これが「遺伝は遺伝せず」の正体です。

結論を先取りしますが、これは身長だけでなく、顔立ちや能力やパーソナリティについても同じことがいえるのです。同じ親から生まれた子どもでも背丈や顔立ちが違うのは、子どもがたくさんいる大家族なら実感としてわかるでしょう。つまり平凡な両親から、天

図1-6　ポリジーンの伝達

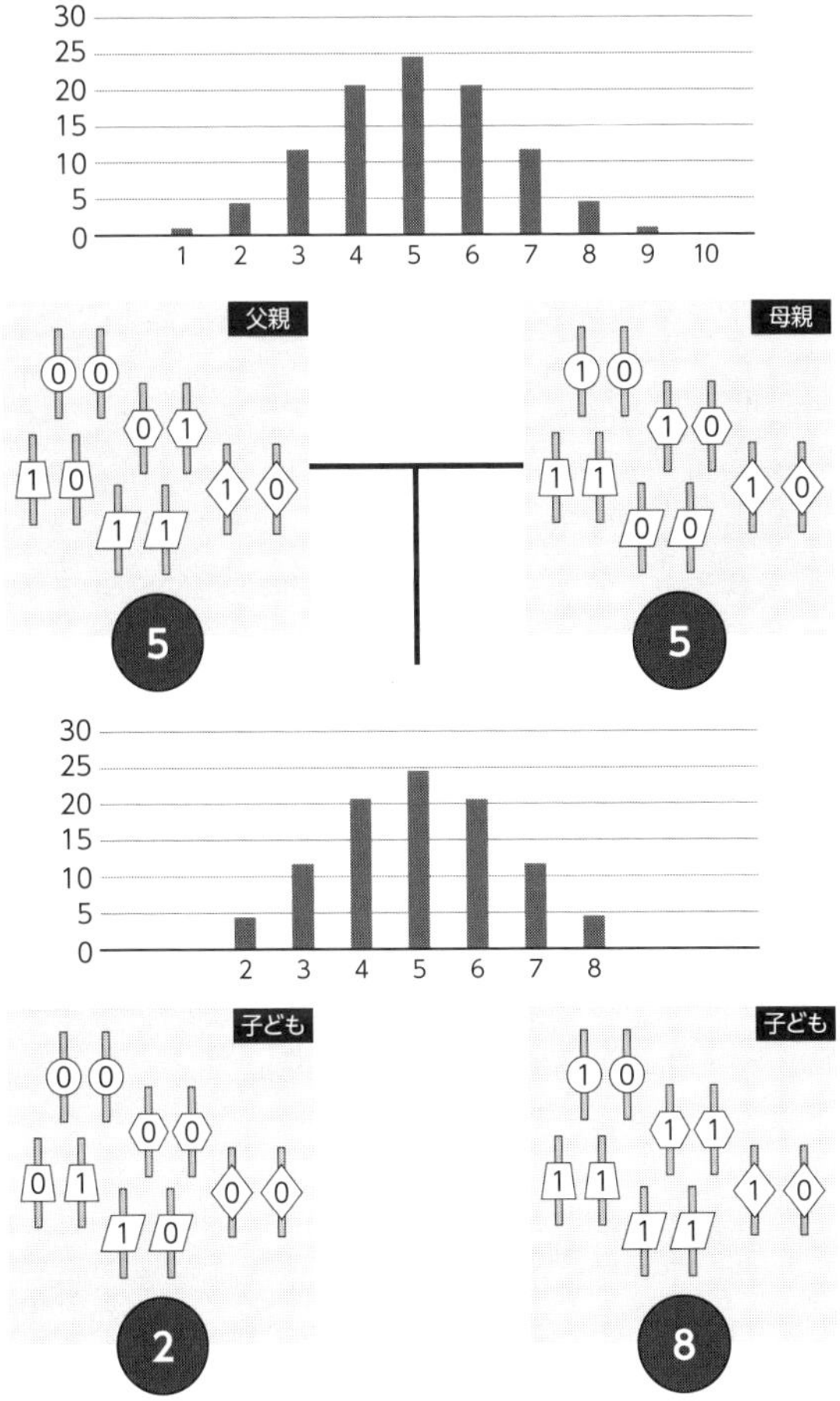

オヤギフティッド児が生まれる可能性も、平均よりずいぶん劣る子どもが生まれる可能性もあり、同じ親から生まれたきょうだいにもかかわらず、全然似ていないことがあるのは、不思議でもなんでもなく、遺伝子分配の確率的なランダムネスから生ずるありきたりの現象なのです。

もしあなたから世界的バレリーナや音楽家やノーベル賞学者の子どもが生まれるはずがないと思い込んでいたとしても、そのような子が生まれる可能性は理論的にはゼロではないのです。

プロフィールのランダムネス

2021年の東京オリンピックの女子ボクシングで金メダルを獲得した入江《いりえ》聖奈《せな》選手は、かえる好きで有名ですが、面白いのは、スポーツで世界一になるほどの選手にもかかわらず、鉄棒の逆上がりやマット運動がすごく苦手とおっしゃっていることです。400メートルハードル日本記録保持者の為末大《ためすえだい》選手も、向こうから飛んでくるボールが苦手で、子どものころからドッジボールが超苦手だったそうです。iPS細胞の研究でノーベル生理学・医学賞をとった山中伸弥《やまなかしんや》医学博士も、手先が不器用なため手術が苦手で、ジャマナカと言われていたくらいで、だから臨床ではなく研究の方に専念したのだという逸話が伝わっています（これは謙遜にすぎないという説もありますが）。子どものころからある分野で突出した才能を示すギフティッド児が、ふつうの子ができることができないアンバランスな能力のプロフィールを見せることもよくあります。

能力やパーソナリティをつくっているたくさんの要素それぞれに違った遺伝子の影響があり、その遺伝的素質がメンデルの「独立の法則」に従ってランダムに伝達されてつくられていると考えれば、このように一見、同じ心や体の性質を使うと想像され、そろって有能さを発揮しそうな分野の中にも、意外な不ぞろいがしばしばあるということも合理的に解釈できます。

私の知っているある一卵性双生児の女の子のきょうだいは、どちらも肝試しが大の苦手で、キャンプの肝試し大会で友達みんなが一人ずつこわごわドキドキと闇の中に出発してゆくのに、その二人だけは参加するのを断固拒否しました。しかしみんなが怖がるジェットコースターは二人とも大はしゃぎでした（ちなみにこれは一卵性きょうだい二人を別々のグループにして別のキャンプサイトで過ごしてもらい、行動を比較するという、あるテレビ局の科学バラエティ番組の企画の中でのできごとでした）。同じ「恐怖心」でも、暗がりやお化けのようなイマジネーションが生み出す恐怖と、ジェットコースターのような身体感覚に訴える恐怖は、おそらく違う遺伝子の影響を受けているのでしょう。

人間の脳が生み出す情報処理の仕方や、体のもつ特性は、想像以上に細かなところで使い分けがなされています。脳の機能が損傷された人に、たとえば「4と6の間の数は何ですか」と聞くと答えられなくなった人がいます。ところがこの人に「4月と6月の間の月は何ですか」と聞くと、ちゃんと5月と答えられたのだそうです。一見同じことをしている数の理解が、実は脳の別のところを使って行われていたのですね。もしこの異なる能力に違う遺伝子がかかわっていたとして、それらが独立の法則に従ってランダムに人々に受け継がれていたとしたら、このようなほんの些細な能力の間にも得意不得意の違いが生まれている可能性があることになります。

ここまで説明したように、対立遺伝子のどちら側が子どもに伝わるかと、また他の遺伝子とどのような組み合わせで伝わるかという2種類の遺伝子の伝わり方がランダムネスであることの重要なメッセージは、同じ親からも実にさまざまな遺伝的素質をもった子どもが生まれるのは自然な現象だということです。この親にしてこの子あり、遺伝だから親子は似るのが当然という先入観をくつがえされることがあっても、科学的に不思議なことではないのです。

むしろ自分の子どもといえども、親とは遺伝子の組み合わせの異なる独自の存在であること、だからこそ子ども一人ひとりを独自の存在として、その個性を素直に見とどけることが大事であるということがおわかりになると思います。

＊1　Xiaoxi Jing, Yanan Sun, Wenting Zhao, Xingjian Gao, Mi Ma, Fan Liu, Caixia Li (2019) Predicting adult height from DNA variants in a European-Asian admixed population, *International Journal of Legal Medicine*, 133(6): 1667–1679. doi: 10.1007/s00414-019-02039-8.

第2章

あらゆる能力は遺伝的である

ある一卵性双生児の軌跡

はじめにお断りしたように、この本は行動遺伝学の第一原則である「いかなる能力もパーソナリティも行動も遺伝の影響を受けている」という科学的事実に従って、子育てについて考えようとしています。しかしそもそも本当に人間の能力やパーソナリティは、そんなにはっきりと遺伝の影響を受けているといえるのでしょうか。それ以上に環境の影響を強く受けているものなのではないのでしょうか。そして環境によって、行動はいかようにも変わりうるものなのではないでしょうか。

人間の能力やパーソナリティ、その成長に遺伝の影響がどのようにあらわれているかを教えてくれる興味深い事例を、ここで一つご紹介しましょう。

これからご紹介するのは、私がインタビューをさせていただいたある一卵性双生児のきょうだいのお話です。インタビューは一人ずつ、きょうだいの相手がいないところで、お互いに相手がどんな話をしたかを知らせないという約束でうかがいました。

一卵性双生児とは、読んで字のごとく、一つの受精卵からうまれたふたごのことです。受精卵とは母親の卵子に父親の精子が受精したもので、まさに人間のはじまりです。受精卵は母親の子宮の中で二つに割れ、また二つに割れて四つに、さらに二つに割れて八つに……とだんだんと複雑になり、形もはじめまん丸だったものが、やがて爬虫類《はちゅうるい》のようなしっぽがついた形になり、徐々に人間の形になります。ふつうはそこから人間が一人出来上がるわけですが、何らかの未知の理由で、受精卵が分かれる最初のころに、二つの別々のかたまりに分かれて、別々の二人の人間に育ちあがったのが一卵性双生児です。その結果、顔も姿かたちも、まるで同一人物のように似ています。モデルや芸能人としてメディアで見かけることのあるそっくりなふたごは、たいがい一卵性双生児です。

もとが一つの受精卵から発生していますので、一卵性双生児の二人は別々の個人でありながら、遺伝子は原則として全く同じです。すでに前章で肝試しではものすごく怖がるのにジェットコースターでは大はしゃぎする一卵性双生児の女の子の話をご紹介しましたが、遺伝子の組み合わせがすべて同じである二人の人生はどのように似ているのでしょうか。

事例1 《写真に目覚めたふたご》（1994年生まれ、聞き取り時27歳、男性）

この双生児きょうだい（D・YさんとD・Kさんと呼んでおきましょう）は、どちらも子ども期から青年期までの間、他人からの評価に過剰に反応して自尊心をもてないまま不器用に過ごしていました。しかしあることがきっかけで、いま写真家の道を歩んでいます。

■体が思うように動かない、自分が出せない

これからご紹介するのは、まず中学生のころの様子です。二人は中学校のサッカー部に所属しますが、そのときの萎縮した経験が次のように語られます（「えーっと」などを割愛する、話し言葉特有の文法的なわかりづらさを整理すること以外は、それぞれの語り口の類似性まで感じていただくために、できるだけ話し言葉のままを文字に起こしてご紹介します）。

D・Yさん　体小さくてガリガリで、なぜかわからないんすけど、僕とKだけ異常に監督の顔色とかにめちゃくちゃ敏感に反応して、何て言ったらいいんですかね、そのときの記憶が、そんなうまく体が思うように動かないっていうか、萎縮して、体が思い通りにいかなくなって、だんだん自分の意見とかも言わなくなった。試合も出たくなかったし、でもやめたらみんなにこう白い目で見られるんで、真面目というか、自分は別に真面目と思ってないんですけど、練習とか一生懸命やってたけ

ど、周りの子をばーって見渡したら、Aチームのレギュラーの人とかはうまいこと手抜いてたりしてて、でも僕は手抜くことができなくて、そんな奴がなんでレギュラーなんやとか思いつつ、でも監督に怒《おこ》られるのも嫌やしなって、まあなんかそういう思いで、すごいめちゃくちゃな嫌な経験をして、それがずっとこう、中高大って続くんですよ。

D・Kさん

中学生のころ、サッカー部から、**なぜか自分が出せなくなった**というか。何で出せなくなったかっていうと、その、厳しかったんですよね、ふつうに。**監督がすげえ怒る人**で、仲間も先輩も嫌なことめっちゃ言われてた。とりあえず僕とYは一緒に入ったんですけど、僕が見てるYは別にへたではない。けれどお互い試合には出たくなかったんすよ。なんでかっていうと、まず怒られるのが嫌やっていうのがあった。試合に出れば、先輩だったり、Aチームっていうレギュラーの人たちが僕がミスをすれば、ばあっと罵声を浴びせられるというか、お前のせいで負けたとか何でお前試合出てんのとか、試合出んなよとか、そういうことを言われ始めて。けどなぜか知らんけど監督は俺らを試合に出してくる。で試合に出たら、仲間たちからは、こいつらが試合出たら負けるやんとか、そういうことを言われ始めて。なんか出たくないな、どうせ出ても怒られるしっていうので、すげえ逃げてたんですね。ただ俺らもそんな下手やと思わん。ただ何か自分がこうしたいっていうのがあるけど、できない。すげえ気遣ってしまうっていうのがあって（中略）どんどん自分を出さなくなった。

この萎縮して自分が出せないという感じを抱きながら過ごした生き方は、二人がともにもつ感覚刺激に敏感に反応する傾向とかかわっているように思われます。

D・Yさん　**物音とかに反応したくないのに反応してしまって**。人にばっかり目がいって、どんどん萎縮して、そういう感覚にめっちゃずっと悩まされた。で、だんだん喋れなくなって（中略）**怒ってる人が、すごいあからさま**というか、鬼みたいな感じに見えて……。

D・Kさん　最近になって気づいたんすけど、これは僕もYにも多分共通することで、すげえ繊細な人種というか、ずっとそう自覚はあったんですけど、なんか当たり前だと思ってたんで、たとえば視覚や聴覚とかで、相手の感情がわかる。怒ってる、嬉しい、悲しいとかいうのは、たとえばですけど、**包丁の物音で、いま怒ってんだとか、ドアの閉め方でいま怒ってんのかっていうのが**聴覚の部分で、この人うそついてんなとか、この人信頼できるなって感じ取ることができて、それが確かかどうかわかんないすけど、大体合ってる。あとは**あからさまなもの**に目がいってしまう。たとえばコンビニ、マクドナルドみたいな蛍光灯がすごくて、そういうのに刺激強すぎて、めっちゃ疲れやすいんですよ。**見たくないけど見てしまう。**けど、なんで疲れてるかわからんくて、そういうものに滅入ってて疲れてる自分がおるんですけど、それに気づかなくて、人一倍疲れやすいというか。

ここで二人とも同じように「あからさま」という言い回しを用いています。これはひょっとしたら二人がこの話を日ごろから互いにしていたからかもしれません。しかしそれが二人が一緒に作り出した創作とは考えにくく、やはりそれぞれが遺伝的に共通した感性と認識をもって生きてきたことをうかがわせるものです。特に人間のネガティブな感情の表出に対して、それを避けようとしても避けられないで引き付けられるという心の動きがよく似ています。

■留学先での衝撃的な出会い

大学に入ったD・Yさんはなんとかせなあかんと自分を変えるためにも環境を変えようと思い立って、イギリスに短期留学しました。次のお話はそのときのできごとです。あるとき、現地の気にいった雰囲気のアンティークショップで、一台のカメラと不思議で衝撃的な出会いを経験します。

D・Yさん　アンティークショップは何か蛍光灯があるわけでもなく自然光が入ってて、綺麗に陳列されてるわけじゃなく、バーッて適当に置かれてて、値札もなんかあからさまにバーンッてでっかく書いてるわけでもなく、シールが小さく書いてあって、なんかすごいいいなと思って。店員さんが好きなものが置いてあるんやろなっていうのを感じて、そこに何か壊れた物とかも置いた。それも面白かったし、それでたまたまゼニットっていうソ連の昔のカメラが置いてあって、それを手に取って、ファインダーを覗いて、パシャッて空のシャッターを切ったときに、なんかもうすごかったんです、衝撃か何かわからないけど、いままで悩んでたことが一瞬でパターンッてなったような気がして。何て言ったらいいんですかね、なんかすごかったんですよ。何か自分の中の思いとか、何かが掘り起こされてもう溢れ出て、何かわからないすけど、もうわーってなって、で速攻これをくださいって言ったんです。でも、これは壊れてるから、直せるんやったら売るけど、直されへんのやったら違うとこで買った方がいいって言われて、買いに行って、ちゃんとしたカメラを買って、でそっから、なんか自分のことは自分で決めてもいいんだって思うようになって、なんか自分を確かめるために、ずっと歩き回ってずっと写真撮って。（中略）そっからいままで起こり得なかったことが起こってきたというか、素敵な偶然の出会いとかも写真を撮ってたら増えてきたり、何かどんどん自分の何かがフォーカスされてってるような、それこそ何かいままで刺激が強くて、眩しかったものが、サングラスかけたみたいな感じで抑えられて、いままで見えてなかったものが見えてきた。

Ｄ・Ｙさんのそうした経験を知らずに、イギリスにいるＤ・ＹさんをたずねたＤ・Ｋさんが、Ｄ・Ｙさんの撮った写真を見た瞬間に、同じような衝撃的な経験をします。

Ｄ・Ｋさん　その大量のプリントされた2Ｌサイズぐらいの写真をブァーッと見せられたんです。イギリスでこういうことやってるって言って見してもらって、それを僕が見て、「すげぇ、やば」ってなった。なんかこう、なんて言うんですか、**衝撃が走ったというか**、全然それまでカメラや写真っていうのに興味なかったというか。そういうことがあること自体もそんなに知らないというか。カメラも全然一台も持ってなかった。そんな中で会いに行ったときに、それをやってて、しかもフィルムカメラで撮って、そのフィルムカメラっていうのも知らなくて。（中略）一枚一枚に対して、説明じゃないですけど、経験を話してくれて、イギリスで何があったかとか、トラブルとかもいっぱいあったみたいで、そういう話を聞いて写真を見てて、なんか、なんか俺がやりたいのはこれじゃないかって、なんかそっから……。

それから二人の人生は大きく変わり、いま写真家として活動を始めています。基本的にはそれぞれ別々に写真を撮っていますが、二人の作品を一緒にした写真集を出し、それが有名な写真評論家の目に留まって評価されたり、写真の賞で最終候補にノミネートされたり、さらに最近はアメリカでも取り上げられたりして活躍をし始めています。

この二人の衝撃的な写真との出会いと人生転換は、それぞれが完全に別々のところで経験したわけではなく、D・Yさんの作品や話に触れてD・Kさんも似たように経験したという意味で、お互いの影響の存在を否定することはできません。そこにふたご特有の深い心理的なつながりやテレパシーのような超常現象を想像し、ふたごの間のこのような類似行動を遺伝のせいにすることに疑念を抱く方も少なくないでしょう。しかしそのような「特別なふたご関係」は、実際にはほとんどないのが現実です。ふたごといえど、それぞれ別々に独立の精神生活を送っている時間が圧倒的に多く、相手を意識しないことや、相手を疎ましく思うことすらまれではありません。確かに科学的なデータとしての厳密性は不十分であることを認めたうえで、しかしこうした行動の類似現象が遺伝による可能性が十分に考えられることから、あえてきちんと取り上げて検討したいのです。

図2-1　写真に目覚めたふたご（D.YさんとD.Kさん）の半生

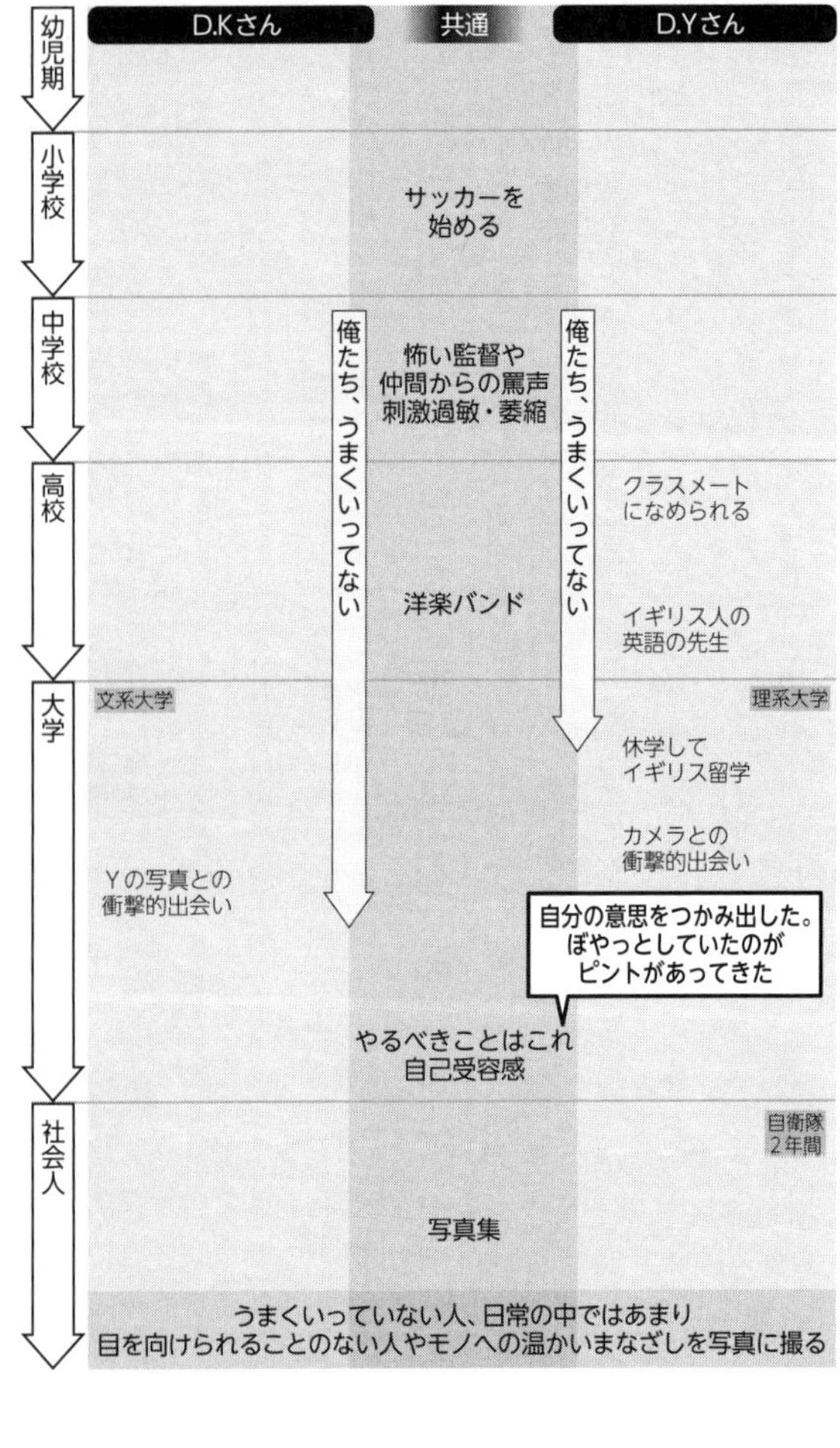

D.Kさん
共通
D.Yさん
幼児期
小学校
中学校
高校
大学
社会人
サッカーを
始める
俺たち、うまくいってない
怖い監督や
仲間からの罵声
刺激過敏・萎縮
俺たち、うまくいってない
クラスメート
になめられる
洋楽バンド
イギリス人の
英語の先生
文系大学
理系大学
休学して
イギリス留学
カメラとの
衝撃的出会い
Yの写真との
衝撃的出会い
自分の意思をつかみ出した。
ぼやっとしていたのが
ピントがあってきた
やるべきことはこれ
自己受容感
自衛隊
2年間
写真集
うまくいっていない人、日常の中ではあまり
目を向けられることのない人やモノへの温かいまなざしを写真に撮る

この本ではこれから、このカメラマンのふたごだけでなく、ほかにも私が聞き取りをした一卵性双生児のライフヒストリーを紹介していきます（第4章）。いずれもきょうだいの間でとてもよく似た人生経験の積み重ねがあることを、よく似た語り口調で語ってくださっています。これを読むと、人の人生はどこか根底のところで遺伝の影響を受け、そのために苦労したり、その苦労が報われて、隠れた才能が開花するのではないか、さらには遺伝の影響こそがその人の人生を意味あるものに導いているとすらいえるのではないかとしみじみ考えさせられます。そして遺伝の影響があることを軽視したり、おぞましいものとして排除しようとすると、人生を駆動するその内側からの重要なメッセージを、見過ごしてしまうことになるかもしれないとすら思われるのです。

別々に育てられたふたごの類似性

いまご紹介した、私がインタビューした一卵性双生児の二人は、留学のとき別々になった時期があったとき以外は、同じ家で成長していますので、この二人の類似した人生の軌跡を遺伝の影響だと決めつけることはできません。一緒に過ごしたことにより、意識せずとも同調してしまうのは、赤の他人どうしでも長く同じ生活をともにする夫婦や仕事仲間でもあるじゃないかと思われても無理はありません。

遺伝の影響をこうした事例以上にはっきり示すのは、生まれてすぐに別れ別れになって、養子として互いを知らずに成長したような場合です。日本でそうした事例に出会って研究するのは大変難しいのですが、そんな研究を組織的に行ったのがアメリカのミネソタ大学心理学部のふたご研究チームです。そしてそれを率いているのが行動遺伝学者のトーマス・ブシャードでした。

彼の研究のきっかけになったジムきょうだいの話は、すでにあちこちで紹介されてはいますが、印象的なのでここでも取り上げておきましょう。[*2]

アメリカのオハイオ州でシングルマザーの下に生まれ、児童養護施設に預けられていたこのふたごは、生後4週間後にまずそのうちの一人がシュプリンガー家に引き取られます。それから2週間後に残る一人もルイス家に養子として引き取られ、ジムと名づけられました。この二つの家は実は40マイルしか離れていなかったそうです。なぜかどちらも、この子はふたごだが、そのきょうだいは死んでしまったと、裁判所から間違って知らされていました。しかしルイス家ではすぐに、ふたごのきょうだいがまだ存命であることを知らされて、養子縁組に携わった地方裁判所にたずねたところ、もう一人の子もジムと名づけられていたことを告げられます。この偶然の一致に感銘を受けたルイス家では、子どもが5歳になるのをまって、ふたごのきょうだいが生きていることを本人に告知し、その後折に触れて再会を促しますが、ジム・ルイスは躊躇《ちゅうちょ》し続けていたそうです。しかし39歳になったとき、なぜか「時機が来た」と思いたち、ふたごのきょうだいの所在を聞くために地方裁判所をたずねました。かたやジム・シュプリンガーはというと、ふたごのきょうだいはもう死んだものと信じて過ごしていました。しかし突然裁判所から、ふたごのきょうだいが連絡を取りたがっていると聞かされます。かくして3週間後、彼らの再会が実現します。

初めて会って、二人の驚くべき一致がつぎつぎにわかりました。好きな教科は数学、大嫌いな教科は書き取り、休暇はフロリダのパス・ア・グリル海岸で過ごし、むかし保安官だったこともあり、趣味が日曜大工であること、そしてなんと息子に同じジェームズ・アランという名前をつけていたこと（一方はJames Alan、もう一方はJames Allanとスペルが違います。書き取りが苦手というのと関係しているのでしょうか）、足を組むときの独特のしぐさもそっくり同じだったそうです。

このように能力やパーソナリティにかかわることが似ているくらいですから、体や病気についてもとてもよく似ていました。体格はルイスが体重154・90ポンド、身長70・90インチ、シュプリンガーが154・59ポンド、71・40インチで、どちらも39歳のときに体重がいきなり10ポンド増えたのだそうです。どちらもひどい偏頭痛もちで、同じように「首の後ろを強打されたような」と表現し、平均よりはるかに若いときにともに心臓病をわずらっていました。喫煙習慣や視力も同じでした。

このジムきょうだいの話はメディアでも大きく取り上げられ、これをきっかけにブシャードは別々に育ったふたごの研究に着手し、21年かけて137組の協力者を得ました。彼らはミネソタ大学に招待され、数日間かけてさまざまな検査を受けます。その中にはブシャードが空港で出迎えたときに7本の指に七つの指輪をし、そのうち左手の小指に一つ、薬指に二つは同じようにつけており、左手首にもそっくりのブレスレットと腕時計を同じような位置につけていたドロシーとブリジットというイギリスのふたご（彼女らは同じ作家の著作を読むのが好きでした）や、第二次世界大戦中にユダヤ系ルーマニア人の父とドイツのカソリック信者の母のもとに生まれ、一方はユダヤ人としてイギリスで父親に、また他方はナチのヒトラーユーゲントの一員となっておばあさんの手で育てられたにもかかわらず、パーソナリティ検査の結果がそっくりだったばかりか、トイレに入る前とあとに必ず手を洗う、手首にゴムバンドをはめる、混み合ったエレベーターに乗るとわざとくしゃみをするといった共通するクセをもつジャックとオスカーというふたごなど、ふたご研究業界では「有名」なふたごもいます。

運命と遺伝の考え方

ここで紹介した別々に育った一卵性双生児の事例は、どれも人間の行動や心の働き、能力やパーソナリティに遺伝子の影響がかなり大きくかかわっていることをうかがわせてくれます。そしてこれらのお話は、単にふたごの話として面白いではすまないのです。これを読んでいるあなたにもし一卵性双生児のきょうだい、つまりクローンのようにあなたと全く同じ遺伝子をもったもう一人の人間がどこか知らないところで生きていたとしても、やはりあなたがこれまでの人生で経験してきたのと同じように、ものごとに対する好き嫌いや得意不得意を感じ、同じような成功と失敗を味わい、同じように病気をしたり怪我をしたりしている可能性があるのです。もちろん同一人物ではありませんから、すべてが全く同じということはありません。しかしそれでもあなたらしいものごとの感じ方や考え方、あなたらしいしぐさやクセ、ほかの人があなたを見たときに感じるあなたらしさを、あなたのクローンはあなたと同じように持ちあわせていることは確かです。実際、一卵性のふたごのきょうだいが入れ替わっても、友達くらいの関係の人にはすぐには気づかれません（さすがに夫婦となると気づかれてしまいますけれど）。

この話だけを聞くと、あたかも遺伝子が自分の運命を操っているような薄気味悪さを感じるかもしれません。しかしブシャードの研究に参加した、別々に育った一卵性きょうだいのほとんどが口をそろえたように言うのは、自分の運命が遺伝子に操られていたということへの嫌悪感ではなく、むしろそれとは正反対の、この世の誰よりも理解しあえるもう一人の人間に出会えた喜びなのです。彼らは自分のきょうだいを通じて、自分自身への理解をより深め、自分の人生に納得し、その先の自分の人生をより意義深く生きることにその経験を結びつけています。私がインタビューした写真家のふたごも、それぞれに自分らしい作品を撮りながら、二人で選んだ作品で一冊の作品集をつくることに大きな意義を見出しています。

一卵性双生児のきょうだいの経験談は、このようによく似たところが強調されすぎるきらいがあります。しかしそもそも別々の二人の人間で別々の人生を生きているのですから、別々の場所で別々の環境の変化を時々刻々経験しています。ですから基本的にはそれぞれ独自の人生を歩んでいるのは当然のことです。遺伝子によってすべてが同じように導かれているわけではありません。ただそれぞれの違う行動の連鎖の中に、同じ遺伝子がかかわっていると思われるそれぞれに独特な類似性が垣間見られるのです。それはあたかも同じ主題を、形を変えて展開させる変奏曲のような、あるいは同じ曲を個性の異なる歌手がカバー曲として歌ったときの印象の違いのような共通点と個別性がみられるのです。

一卵性のふたごのきょうだいがいる人もいない人も、ふだんの日常生活を送るときに、誰もが遺伝子のことを気にすることなく、自分の感性に従ってそのときそのときに出会う世界を感じ、自分の意思で自分のふるまいを決めて生きています。そこにはあなた独自のリアルな生き様があり、尊厳があります。それは遺伝子の影響があることを知っても変わることのないあなたの実存です。

動物の行動が、その姿かたちと同じように進化の過程でつくられたこと（つまり遺伝子によって作られたこと）を明らかにし、ノーベル生理学・医学賞を受賞した動物行動学者のコンラート・ローレンツは、行動が遺伝の影響を受けていることを知ることが、行動の理解を貧しいものにするわけではないことを、「虹の色が光のスペクトラムによることを科学的に知らされても、虹を美しいと感じる心に変わりはない」と言い表してくれています。何より遺伝子はあなたを操る外部からの侵入者なのではなく、あなたという存在をつくり上げているあなた自身のおおもとなのです。行動遺伝学が明らかにすることは、そういうあなた自身、私自身のおおもとについて、あたかも別々に生きていた一卵性のきょうだいに出会ったように、より深く自分のことを理解することにつながるはずなのです。

一卵性と二卵性を比べる

とはいえ、ある一組のふたごのお話はあくまでも、そのふたごについてのただの逸話にとどまっていて、どの人にもあてはまる普遍的な科学的事実とはいいがたいものがあります。いったいそれがどこまで遺伝の影響力についての科学的な事実といえるのか、信憑性と説得力に欠けると思われても仕方ありません。実際には、私も含めて行動遺伝学者たちは、このような驚く逸話集めではなく、きちんとした心理学的なデータを統計的に分析することを第一に研究を行ってきています。ブシャードのプロジェクトでは実に一人当たり1万5000項目もの心理学的調査が行われているのです。これからその科学的な心理学的調査の結果をご紹介いたしましょう。

ここで重要なのは、別々に育った一卵性双生児の類似性ではなく、同じ家庭で育った一卵性双生児の類似性を二卵性双生児の類似性と比較することです。そもそも別々に育ったふたごを見つけるのは並大抵のことではありません。少なくとも日本ではそれが行われてはいません。また別々に育ったといっても、先のジムきょうだいのように、同じ州のわずか40マイルしか離れていない土地に住み、同じ観光地へバカンスに出かけていて、かなり似たような経験をしている可能性もあります。

その代わり、同じ家庭で育った遺伝子の等しい一卵性と、遺伝的には一卵性の半分しか共有していませんが一卵性と同様に同じ家庭で育った二卵性の類似性を比較してゆきます。ここで一卵性が二卵性よりもよく似ていれば、それには遺伝の影響がかかわっていると判断でき、さらに一卵性の類似性が二卵性を上回る程度が大きければ大きいほど、遺伝の影響が大きいと判断できます。逆に一卵性双生児も二卵性双生児もどちらも似ていたとしたら、それは遺伝によるのではなく、二人が経験を共有することのできる共有環境がかかわっていたと推察できます。さらに遺伝要因も共有環境要因も等しい一卵性ですら似ていないとしたら、その分は一人ひとりに固有に効いている非共有環境の影響ということになります。似ている程度は相関係数という数字で表します。これは完全に一致していたら1、全く似ていなかったら0になるような数値です。

まずは親が一番気にしそうな知能と学業成績の一卵性と二卵性の双生児の相関係数を74ページの【図2-2】、そこから算出した遺伝、共有環境、非共有環境の割合を75ページの【図2-3】に示しましょう。

知能はIQテストによって測られたもので、2010年にそれまでに発表された論文の1万組を超えるデータを全部まとめて計算され、統計的な信頼度の高いものです。[*3] 児童期から青年期、そして成人期初期と成長するにつれて、一卵性双生児の相関は上昇するのに対して、二卵性双生児の相関は減少します。そこからこの間に遺伝の影響が41%から55%、そして66%まで上昇しているのがわかります。共有環境、つまり親や家庭の影響は、児童期には33%とそれなりにありますが、その後は18%、16%と減少します。これは大きくなるにつれて家庭を離れ、自律する機会が増えることで、親の影響が薄れて、本来の遺伝的資質が顕在化してくることを示唆しています。

学業成績のデータは、日本のものはやや古いのですが、1960年代後半に副島羊吉郎《そえじまようきちろう》が佐賀県下の双生児（小学生270組、中学生195組）に対して行った学業成績調査によるもので、[*4] 遺伝の影響は小学生のときが25%から55%であるのに対して、中学生では14%から40%と全体として少なくなり、逆に共有環境の影響が小学生のときより中学生のときの方が大きくなります。小学生、中学生ともに、算数・数学や理科のような理数系の遺伝率が低いのも特徴的です。一見、もっとも地頭の良さが効いてきそうな科目ですが、これらの科目の勉強に力を入れる程度の差が家ごとに、他の科目より大きいことがうかがえます。

また、アメリカは1970年代[*5]、またイギリスは2000年代[*6]と時代が異なる研究なので、単純に比較はできませんが、イギリスの方がアメリカより遺伝の影響が大きい傾向があるようです。家庭間の階級差の大きな、だから共有環境の影響がアメリカよりも大きそうなイギリスですが、人種のるつぼといわれる大都会ロンドンに象徴されるように、階級差も実は遺伝的な差が反映されているのかもしれません。そして何にもまして日本は家庭環境の差がしばしば遺伝をしのぐ影響力を示している可能性があることは興味深い結果です。このことについては、次の章でさらに深掘りしてみます。

このように知能や学業成績の個人差には共有環境、つまり親の育て方や家庭環境の違いが顕著にあらわれるという点できわめて重要です。共有環境の影響があるということは、とりもなおさず、子どもたちが与えられている環境を使って学習しているということです。

図2-2　知能と学業成績の双生児相関

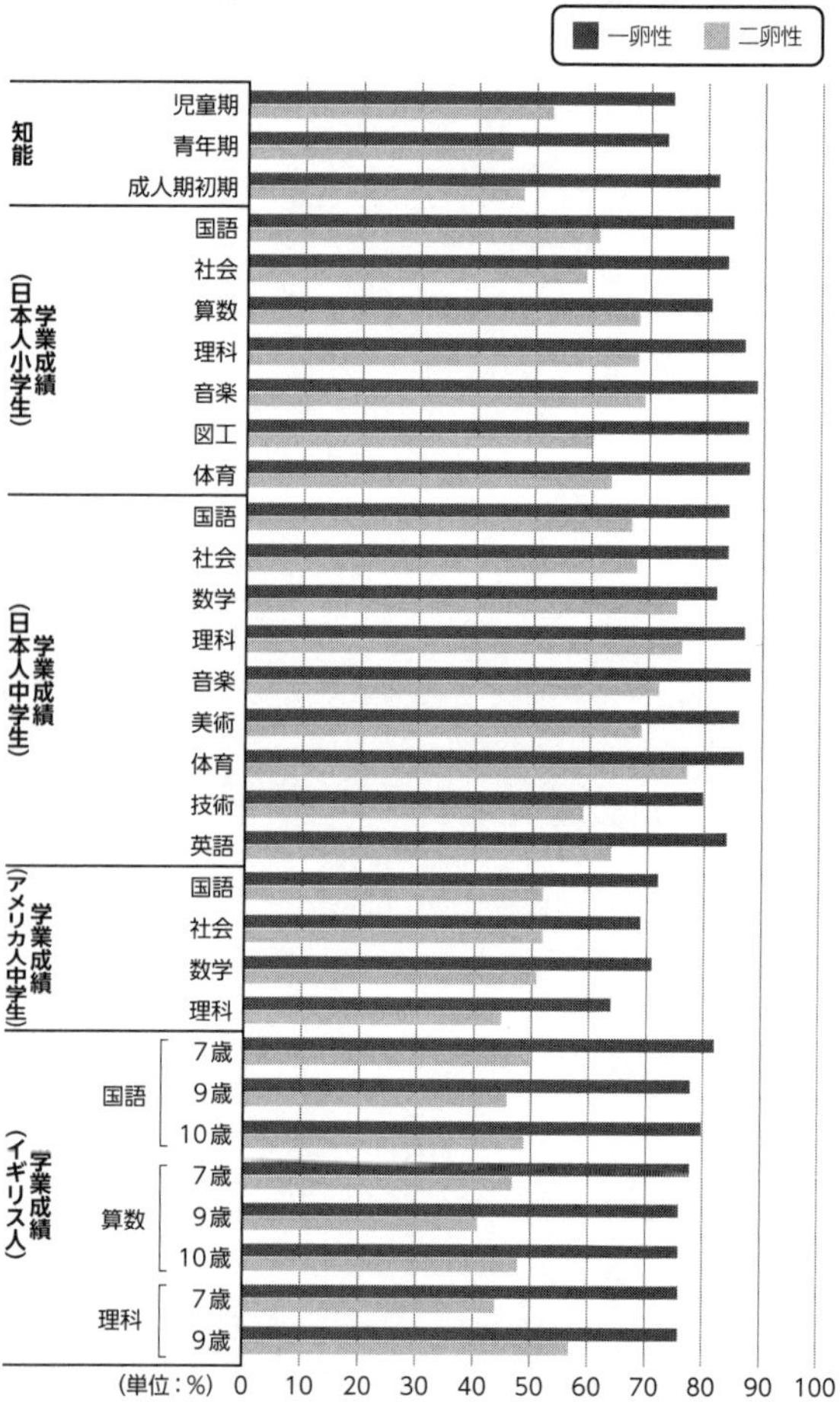
一卵性
二卵性
知能
児童期
青年期
成人期初期
学業成績（日本人小学生）
国語
社会
算数
理科
音楽
図工
体育
学業成績（日本人中学生）
国語
社会
数学
理科
音楽
美術
体育
技術
英語
学業成績（アメリカ人中学生）
国語
社会
数学
理科
学業成績（イギリス人）
国語
7歳
9歳
10歳
算数
7歳
9歳
10歳
理科
7歳
9歳
（単位：%）
0
10
20
30
40
50
60
70
80
90
100

図2-3　知能と学業成績の遺伝と共有環境・非共有環境の影響の割合

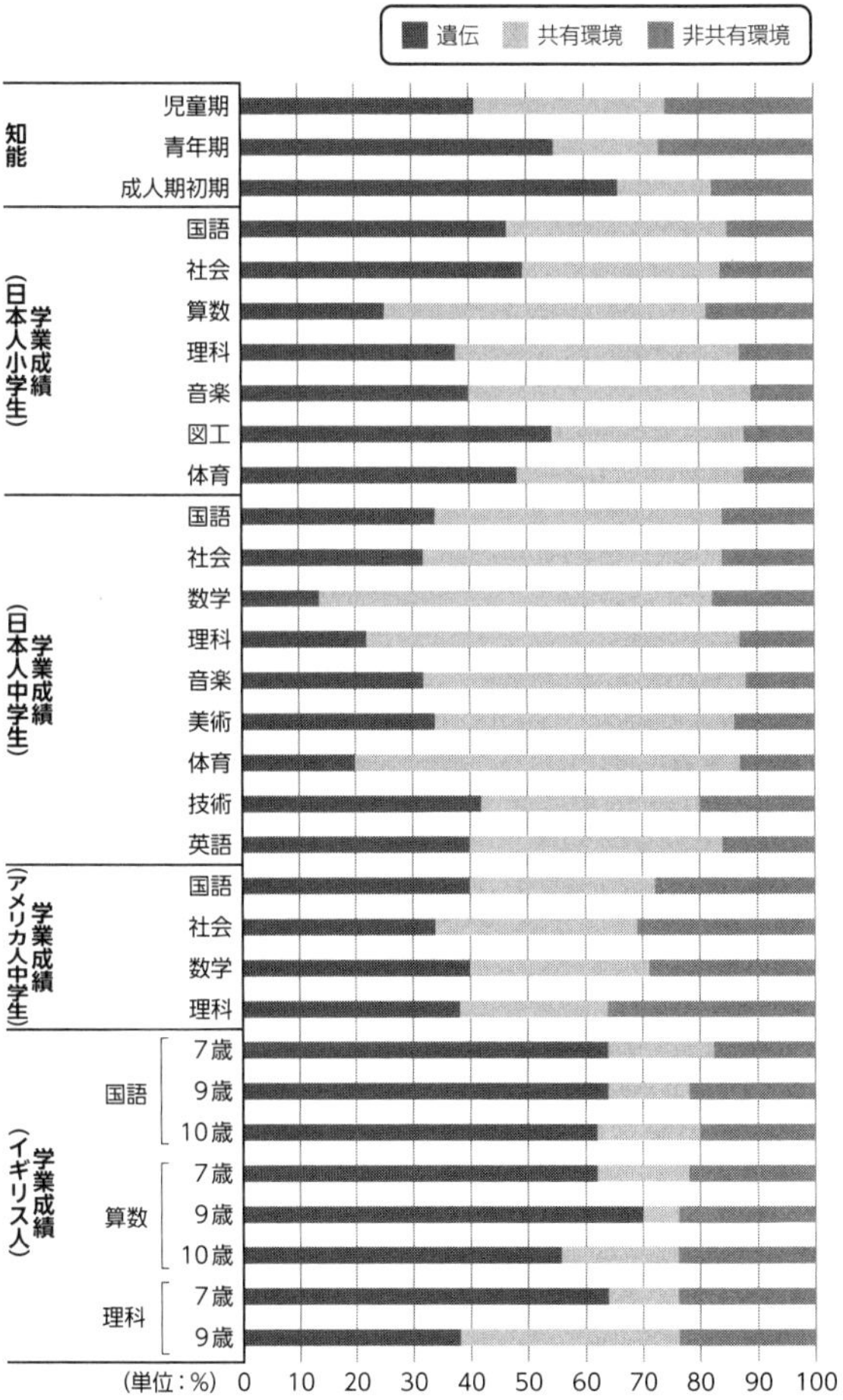

知識や技能を学ぶための素材や機会が与えられるようなものは、このように共有環境の影響が見られ、学習によって脳の構造やネットワークのつながりが累積的に変化することによって生じます。これは次のパーソナリティや精神疾患や発達障害と大きく異なる特徴です。

親や家庭によって与えられた学習するための環境の影響があらわれているという意味で、知能や学業成績には親の出番と責任は少なくないといえます。それでもやはり遺伝要因は20％から多い場合は50％を超えることもあり、無視できません。親が頑張って最良の教育環境をつくってあげればあげるほど、それに応えようとする、あるいは逆らおうとする子どもの遺伝的素質が浮き彫りになってくるともいえます。

学力の個人差に遺伝の影響があるということは、学校の勉強に対しての向き不向き、教科に対する好き嫌い、学校の雰囲気へのなじみやすさや先生との相性、集中力や勤勉性のようなパーソナリティの違い、さらには教科書やノートの質感や給食のスプーンの材質といった、一見些細な、しかし教科や学校へのなじみやすさにかかわる個人差が、子どもの側にもともとあるということです。そしてそれは第1章でお話ししたように、親からランダムに与えられた遺伝子の組み合わせによっています。ですから親ほどできない子がいても、親には思いもよらなかった秀才児がいても、何かにすごくこだわりをもった才能を発揮するギフティッド児が生まれても、教科ごとに得意不得意の差が大きい子だとしても、不思議でもなんでもなく、また親の育て方によるとは限らないことを意味します。つまり、そのことが遺伝だといえるのです。

子どもにとっては遺伝要因も家庭要因も、ともに自分ではどうすることもできないガチャ要因です。自分自身の持つ遺伝要因と生まれ落ちた環境によって、あわせて8割から9割が説明されるほどの大きさだというのに、このことがほとんど知らされていない世間では、子どもがお勉強のできない理由を、本人の努力不足や、勉強の仕方、先生の良し悪しといった、もっぱら非共有環境のせいにされています。これは子どもにとって、きわめて理不尽といわざるをえません。このことについても、これからの章でじっくり考えてゆきます。

パーソナリティは親の育て方と関係ない？

次ページの［図2-4］と［図2-5］は、パーソナリティと精神疾患（精神障害）や発達障害の双生児相関と遺伝・共有環境・非共有環境の影響の割合です。パーソナリティを測

図2-4　パーソナリティと精神障害・発達障害の双生児相関

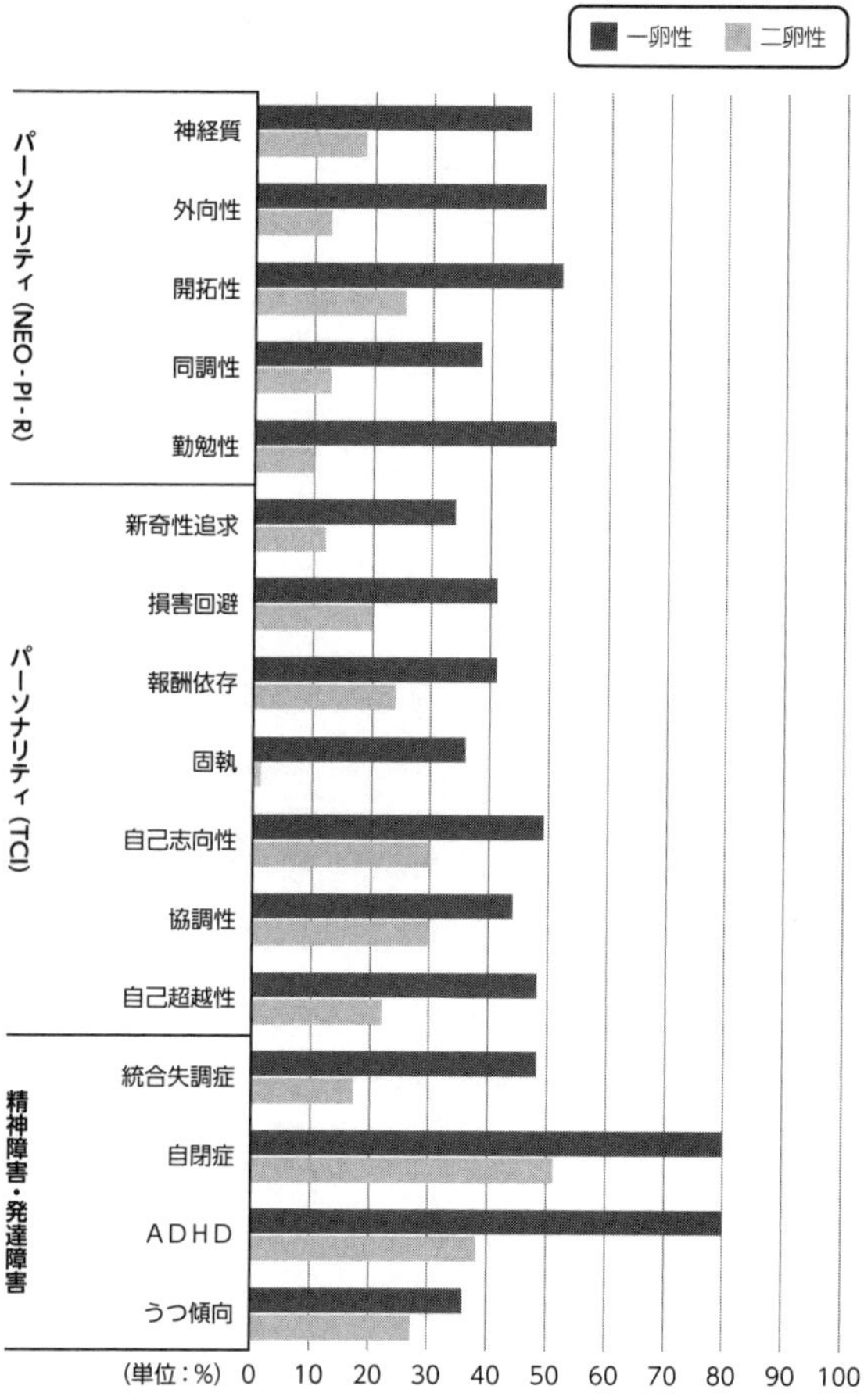

図2-5　パーソナリティと精神障害・発達障害の遺伝と共有環境・非共有環境の影響の割合

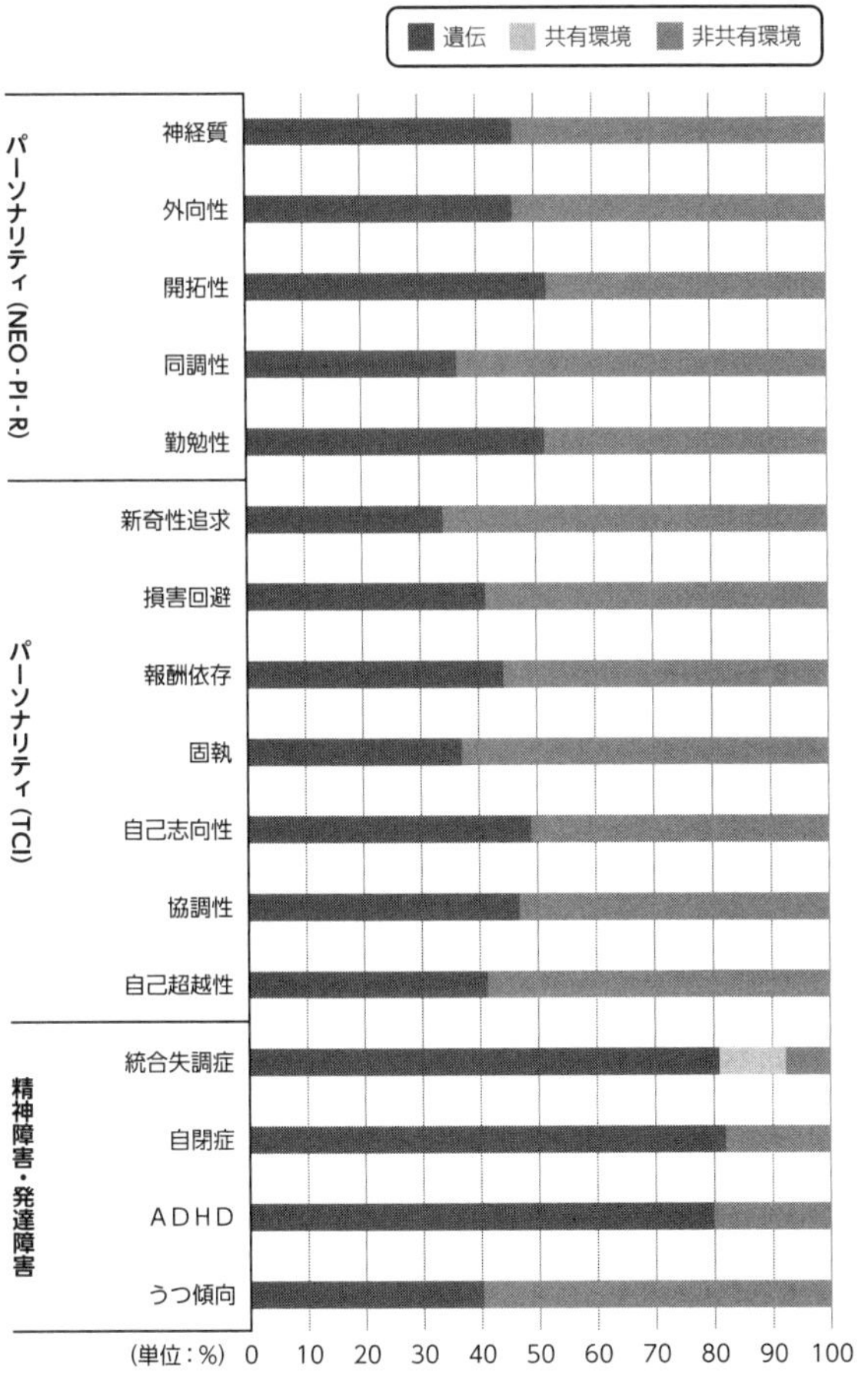

るテストはいろいろ開発されていますが、ここでは私が仲間の研究者たちと行っていた慶應義塾双生児研究プロジェクトに参加してくださった成人ふたごに受けていただいた代表的な2種類（NEO-PI-RとTCI）を取り上げました。また統合失調症やうつのような精神疾患と自閉症やADHD（注意欠陥・多動性障害）のような発達障害は海外の論文から引用したものです。なかには聞いたことのないようなラベルがついていると思われるかもしれません。たとえば「開拓性」とは興味関心が広くいろんな方向に向かう知的好奇心の強さのこと。また「自己超越性」とは自分を超えた何か大きなもの（たとえば大自然とか宇宙とか神など）を意識しやすい性格のことです。しかしここではそれぞれの項目の意味はあまり気にしないでくださってけっこうです。

これらが知能や学力と明らかに違うところは、二卵性の相関が一卵性の相関の半分かそれ以下で、類似性が遺伝だけで説明できてしまい、共有環境の影響がないか、あっても統合失調症のようにごくわずかだということです。共有環境がないというのは、とりもなおさず親や家庭の環境からの影響がない、つまり家庭で親の姿を見て学習したり、それを教育したりすることのできないものだということです。これらは学習によって脳の構造やネットワークのつながりが変化することによって生ずるのではなく、その時々に神経と神経の間の情報伝達にかかわる神経伝達物質の種類や量の放出具合に主に左右されるものと考えられます。

これはおそらく多くの人の常識をくつがえすものでしょう。勤勉な子ども、活発な子ども、心根の優しい子どもに育てるのは親の責任と、多くの育児書には書かれています。しかし子どもはそのパーソナリティを、親から教わって、あるいは親の背中をみて学んだのではないのです。もし子どもがこれらのパーソナリティや発達障害を、親の示すふるまいをお手本にして、無意識にでも真似《まね》して学んでいたとすれば、同じ親に育てられた二卵性双生児は一卵性双生児と同じくらい似るはずですが、そうなっていないのがその証拠です。さらに一緒に育ったふたごと別々に育ったふたごのパーソナリティの類似性を比較しても大差はありません[*7]【図2-6】（82ページ）。

こうして遺伝の影響を強調すると、パーソナリティや精神疾患や発達障害は遺伝によって決まっていて、環境ではどうしようもないと思われがちですので、そういう意味ではないことも同じように強調しておかねばなりません。これらの図が同じく示しているのは、

図2-6　一緒に育ったふたごと別々に育ったふたごのパーソナリティ類似性

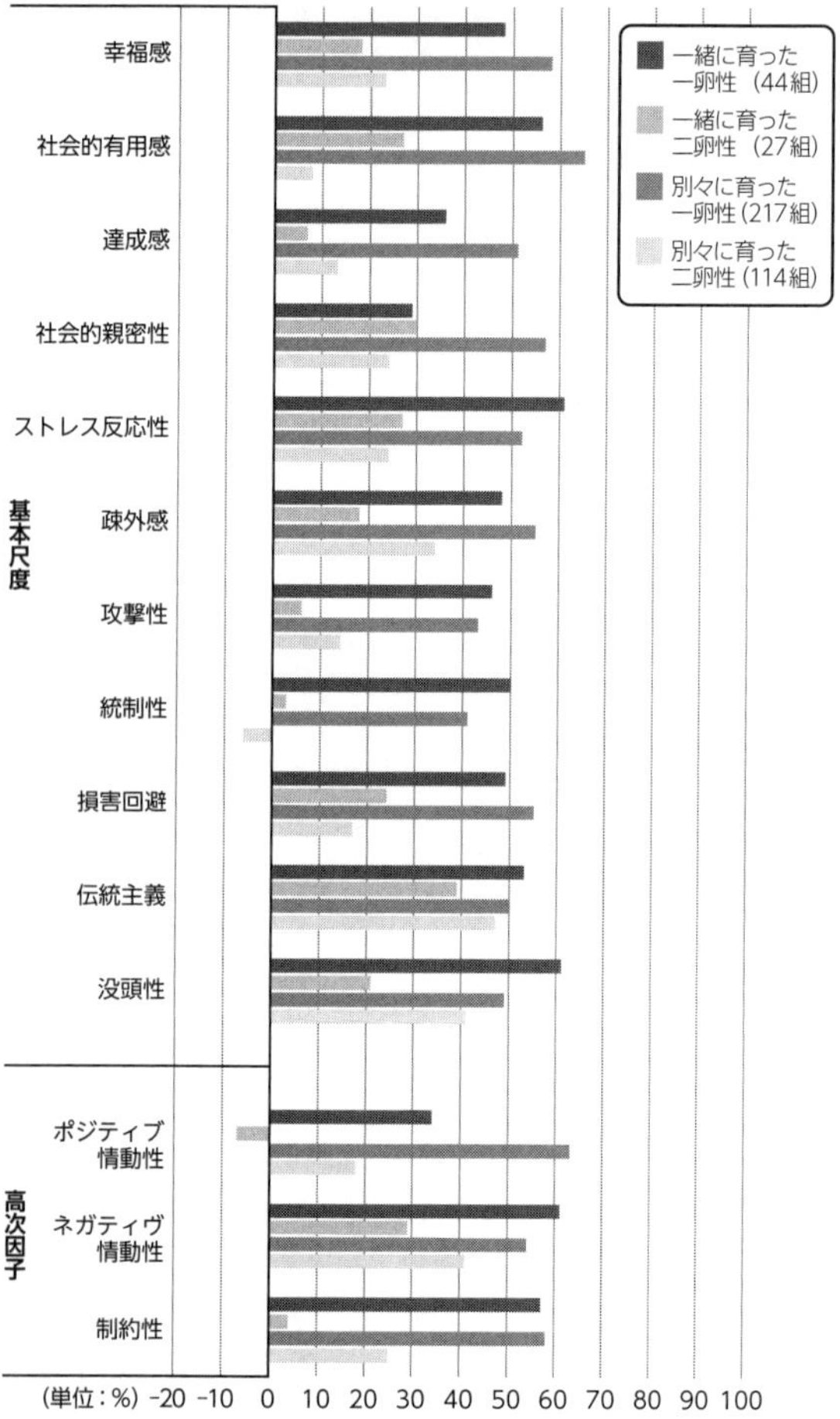

同じ環境で育った一卵性双生児ですら、完全な一致を表す相関係数1からはほど遠い0・5ぐらいで（自閉症とADHDはそれより大きいですが）、非共有環境が大きいということです。非共有環境とは、同じ家庭で育っても一人ひとりが家の内外で行う異なる経験、それによって遺伝子を共有する家族でも互いに似させないような環境の影響の総体をさします。それが個人の中では安定して続く環境であることもありますが、その多くは主としてその場限りの一時的な環境、たまたま出会った状況のようなもので、とても変わりやすいものです。自分は人見知りだと思っている人も、それは初めて出会った人や苦手な人の前で引っ込み思案なのであって、親しい人と一緒ならそれほど引っ込み思案にはならないでしょう。一方、自分は社交的で人怖《ひとお》じしない性格だと思っている人も、ふだん会うことのない怖そうな上司とエレベーターでばったり二人きりになったら、多少なりとも物怖じしてしまうでしょう。人見知りの程度には遺伝的なセットポイント、すなわちその人がもっとも自然にとりやすいレベルが人それぞれにありますが、そのセットポイントを中心として、状況に応じてかなりの程度上下に変動します。

勤勉性や協調性などは、ある程度自分の意思でコントロールもできるでしょう。もともとは勤勉性に欠ける人でも、どうしてもやらねばならないことに直面したら、多少は意思で自分をコントロールしてその仕事にまじめに取り組むでしょう。しかしもうやる必要がなくなったら元に戻ってしまうのに対して、もともと勤勉な人ならばそれでもまじめにやり続けることが性に合っていると思うわけです。

自分のことだけを見ていれば、パーソナリティなんて環境しだいでいかようにも変わると感じても不思議はありません。しかしそのセットポイントが人によって遺伝的に異なっていて、個人間にあるその違いは、自分自身の内的変化を感じているだけでは気づかないものです。この世の中でいろんな人たちがあらわしているパーソナリティの差のうち、その遺伝によるセットポイントのばらつきがグラフで示された「遺伝」の部分、そのセットポイントから状況による違いによって個人の中で前後することで生ずるばらつきが、グラフで示される「非共有環境」の部分に相当するわけです。

パーソナリティは「私は、心配性ではない」「緊張したり、びくびくしたりすることが多い」のようなたくさんの文章に自分がどれだけあてはまるかを自分で判断して数値で答え、一つのパーソナリティ特性として関連のある文章につけた数値の合計点をだしたものですから、そのころのその人の「ふだん」の状況や、特にインパクトのあったできごとに引っ張られたり、自分の思い込みも誤差として入って、非共有環境として算出されます。

その部分もまた大きいのです。

ポリジェニックスコアから将来の学歴がわかる

このように双生児の類似性を分析することで、一人の個人的経験ではなかなか気づくことのできない遺伝の影響の有無を明らかにすることができ、そこから逆に環境の影響の大きさにも気づくことができます。しかし遺伝の影響があるというのなら、どんな遺伝子があるのかがしっかりとわからないのかという疑問をもたれることでしょう。

つい最近まで、遺伝子を突き止めるのは難しい課題でした。病気をもっている人ともっていない人、知能の高い人と低い人のもつ遺伝子を比べてみても、劇的に大きな違いはないのです。ある程度、知能の高低に関係のある遺伝子を見つけられたとしても、それが社会全体の個人差を100%としたときに説明できる割合は1%にも満たないごくわずかなもので、何千人から何万人ものデータを比較して、辛うじてその1%にも満たない遺伝子を十数個見つけ出せるだけ。その十数個の遺伝子の効果を合計して、特定の病気へのかかりやすさや知能の高さを予測したり説明したりしようとしても、数%しか説明できず、「当たるも八卦《はっけ》当たらぬも八卦」に毛が生えた程度でした。

それが特に知能に関して2015年ごろから、かなり大きく変わってきたのです。遺伝子を突き止めるためには、遺伝子情報と一緒に、調べたい病気や知能指数、学力の得点のデータがそろっていなければなりません。しかし特定の病気になる人はそもそも少ないですし、知能テストや学力テストのデータを遺伝子と一緒に提供してもらうのも大変です。ところがイギリスやアメリカなどで大規模な遺伝子の調査をしている研究機関や遺伝子サービス機関が、知能の高さとある程度の関連性をみせてくれる学歴（正規の学校に通った年数、すなわち中卒か高卒か大卒か、どの段階で落第してしまったかなど）を、生年月日や性別のようなふつうの調査項目としてざっくりと聞いていて、そのデータ数があわせて100万人分を超すだけあることに目をつけたのです。

大数の勝利でした。これによって学歴の長さに関連する遺伝子が1700カ所みつかり、その総説明率は12%ほどになったのです。2022年に新たに追加された300万人分のデータを分析すると3900カ所で16%も説明できるようになりました。これは知能の遺伝率50%のうちの約3分の1に相当します。

たかが3分の1、されど3分の1です。これによってこれまでは集団の統計量としてしか算出できなかった遺伝の影響力が、一人ひとりの遺伝子ポイント（これこそがポリジェニ

図2-7　学歴ポリジェニックスコアの水準と大学修了率との関連
（Add-HealthとHRSという２つの異なるサンプルで再現性が確認されたもの）

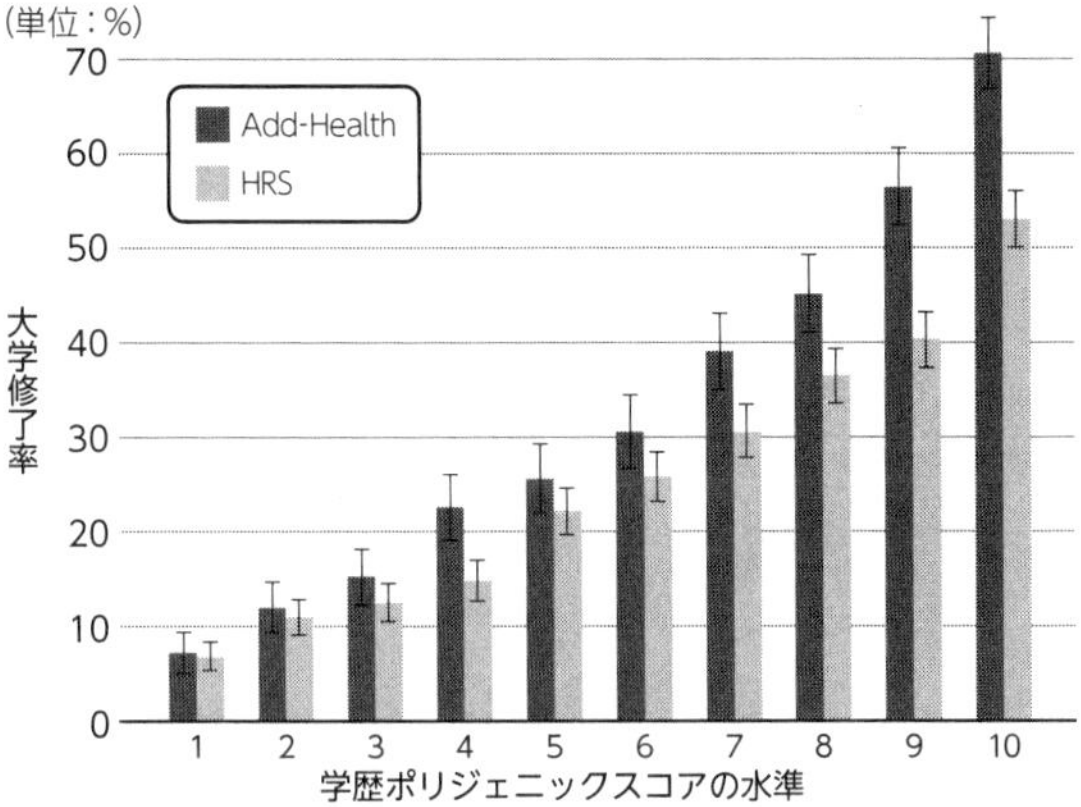

ックスコアです）として算出できるのです。そしてそれがこれまで双生児研究で示してきた集団の傾向をきちんと追跡できることがつぎつぎと明らかになってきました。

たとえばこの学歴ポリジェニックスコアの高い人と低い人は、実際に大学修了率が違いますし【図２－７】、個人がどのレベルの教育まで到達できるかを追跡することもできます【図２－８】（88ページ）。

第９学年（中学３年生）のときに、すでにポリジェニックスコアの高い人は難易度の高いコース、低い人は難易度の低いコースにより多く所属しており、学年が高くなるにつれてポリジェニックスコアの高い人はより高いレベルのコースへと昇っていく

図2-8　アメリカの数学教育課程における学習コースの取り方と学歴ポリジェニックスコアとの関係

（線の色が濃いほど学歴ポリジェニックスコアが高い。線の太さは人数に相当する）

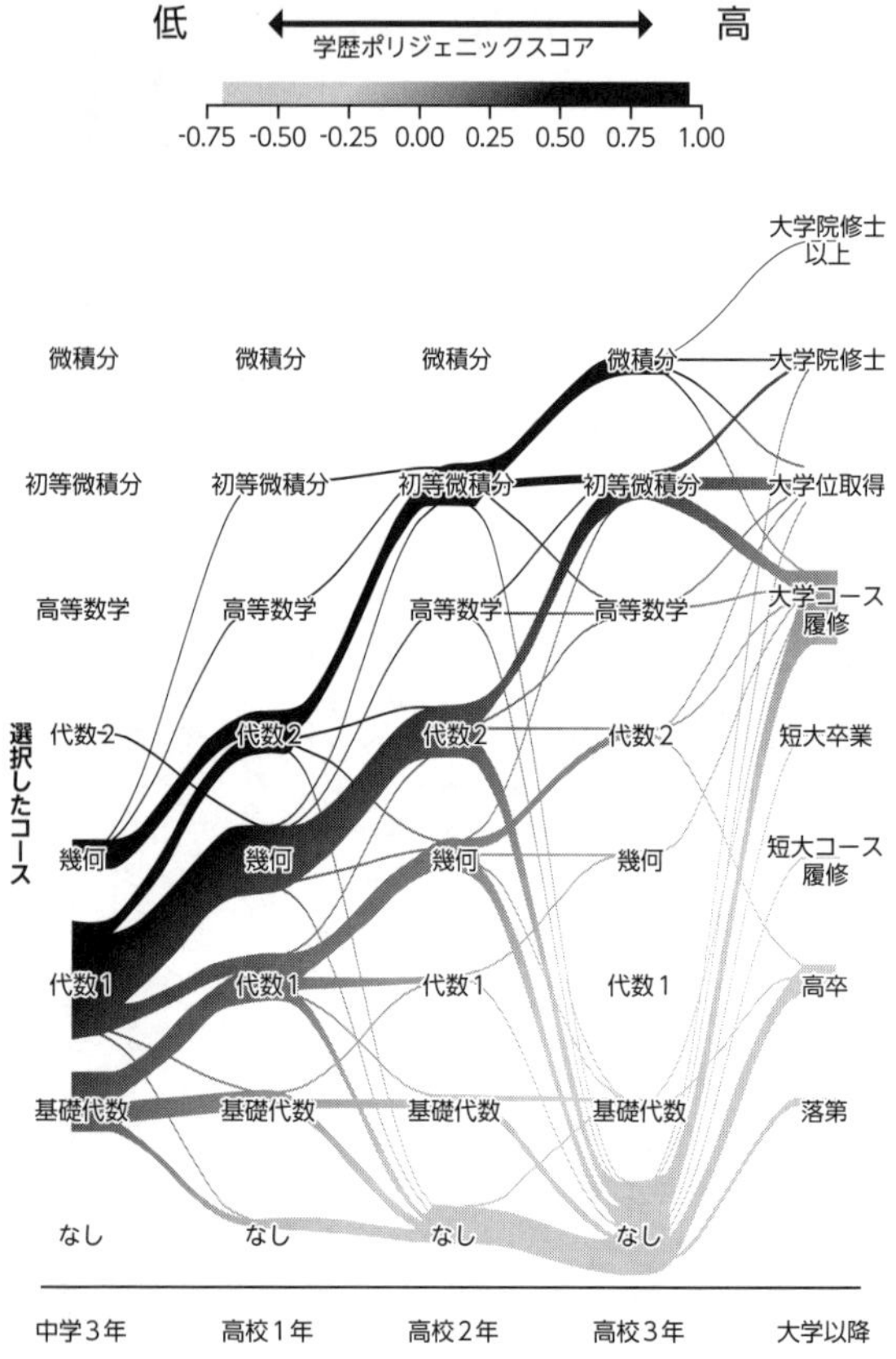

[Harden et al. (2020) を参考に作成]

が、低い人は同じレベルにとどまったり脱落している様子が描かれています。

また収入や職業、罪を犯す割合も違います。これは科学的研究としては画期的な進歩です。双生児研究によって集団の統計量として間接的にボヤッとしか示すことのできなかった遺伝の影響が、個人のレベルまで解像度をあげられるようになったのですから。

とはいっても、その説明率は4％から6％程度ですから、現時点では正確な予測からはほど遠く、実用性のあるものではないことはしっかり理解しておくべきです。いま生まれたばかりの赤ちゃんのＤＮＡから学歴ポリジェニックスコアを求めて、この子が大学まで行ける確率を出すことは理論的にはできますが、その通りになる保証はかなり低く、それよりは高校のときの模擬試験の成績から予測される合格率の方がはるかに信頼できます。


そうなのです。最近はやりの美容や健康のための遺伝子検査でも、その検査が出してくる予測よりも、すでにあなたがいま実際に試している美容健康法の成果の方が、はるかに正確に近い将来のあなたの肥満や疾患の発症を予測します。

にもかかわらず、遺伝子検査の結果を見ると、そちらの方が信用できるように思えてしまうのだとしたら、あなたはいわば「遺伝子神話」に取り込まれています。遺伝子によって説明されてしまうと、それはもう動かしようのない科学的な事実であるかのように錯覚してしまい、あたかも万能のご神託のように感じてしまうのです。もし遺伝子検査の結果があなたがすでに抱いていた予測を後押ししてくれるようなら、その結果に少し確信度を増すのに利用すればいいでしょう。もし望まない結果だったとしても、それでも自分が目指したい夢があるのだとしたら、そんな夢を抱いた時点で遺伝子検査で調べられていない何か別の遺伝的素質がその夢を抱くことにかかわっているのですから、その夢を追い求めてみてもよいのです。遺伝子検査の結果に逆らって自分の夢を実現した名作『ガタカ』[*8]の主人公のように。

＊2　Segal, N.L. (2012) *Born Together, Reared Apart: The Landmark Minnesota Twin Study*, Harvard University Press.

＊3　Haworth, C.M.A., Wright, M.J., Luciano, M., Martin, N.G., de Geus, E.J.C., van Beijsterveldt, C.E.M., Bartels, M., Posthuma,D., Boomsma, D.I., Davis, O.S.P., Kovas, Y., Corley, R.P., Defries, J.C., Hewitt, J.K., Olson, R.K., Rhea, S-A., Wadsworth, S.J., Iacono, W.G., McGue, M., Thompson, L.A., Hart, S.A., Petrill, S.A., Lubinski, D., Plomin, R. (2010) The heritability of general cognitive ability increases linearly from childhood to young adulthood, *Molecular*

Psychiatry, 15(11), 1112–1120.

＊4　副島羊吉郎（１９７２）「学業成績における遺伝の影響——双生児法による」『心理学研究』43巻2号、68—75頁。

＊5　Loehlin, J.C., Nichols, R.C.(1976) *Heredity, environment, and personality*, University of Texas Press.

＊6　Kovas, Y., Haworth, C.M., Dale, P.S., Plomin, R. (2007) The genetic and environmental origins of learning abilities and disabilities in the early school years, *Monograph of Socical Research in Child Development*, 72(3): vii, 1–144. doi: 10.1111/j.1540-5834.2007.00439.x.

＊7　Tellegen, A., et al.(1988) Personality similarity in twins reared apart and together, *Journal of Personality and social Psychology*, 54(6): 1031–1039.

＊8　遺伝子検査とゲノム編集によって「遺伝的に適正」な子どもを産むのが当たり前になった近未来で、「自然」に生まれ、遺伝的欠点をたくさん宣告されながら夢を追い求める人間の生きざまを描いた映画。１９９７年製作と少し古い作品だが、いまだ色あせない秀作で評価も高い。アンドリュー・ニコル監督、イーサン・ホーク主演。

第３章

親にできることは何か
――家庭環境の効き方

親が子どもに与えられるもの

卵が先か、ニワトリが先か。これはどちらがどちらの原因か、その因果関係がわからない様子を指すことばとしてよく使われます。しかしヒトの場合、「親が先か、子が先か」の答えは決まっているといっていいでしょう。「子が先」である、と。人間は子どもを宿して、子どもを産んで、初めて生物学的な意味で親となります。一人の人がこの世に存在しているということは、その人を産んだ母親と父親が存在する、あるいはしていたというれっきとした生物学的な事実があります。

当たり前のことをわざわざ大げさに言っているように思われるかもしれませんが、現実の社会には、この当たり前を忘れている場合があります。たとえば生まれてすぐに親と死に別れたり、何らかの事情で親が子を育てることができず、あるいは育てたいと思えず、遺棄したり、里子に出したり、施設に預けたりして、子どもが一度も親と会ったことがないまま育つ場合などです。

しかしそれでもその子どもを産むことにかかわった一組の男女がおり、一つの新たな生命体をこの世に出現させたという生物学的事実は疑いようもありません。そしてその一組の男女は、生まれ落ち、自分の遺伝子を受け継いだ子の幸福を願い、子どものためなら命もなげうち、自分にできる最良のことをしてあげたいと思う。多くの親がそうではないかと想像する一方で、いまそのように思えない、してあげたくてもできないという親もまたいるでしょう。しかしそもそもそのお子さんをこの世に生み出したことそれ自体が、生物学的に見て、子どものために命もなげうつ、できる最良のことだったといえます。なぜなら出産それ自体が、母体に与えられた大きなリスクを乗り越えてきた証拠なのですから。

子どものために親が与えられるものには、もちろん衣食住という基本的なものがまず挙げられます。それがどのようなものであれ、人間が人間として生きてゆくために必要不可欠であることは言うまでもありません。しかしもう一つ、人間が生きるために絶対に必要なものがあります。

それが「教育」です。

ヒトは教育する動物である

親が子どもに幸福のために与えるものが「教育」だというと、学校に行かせることとか、塾やおけいこごとに通わせることだと考える方がいるかもしれません。しかしここで私が言おうとしている親が行う教育とは、学校にかかわることよりももっと広いものを考えています。そもそも教育の科学的定義は「独力で学ぶこともできない知識やスキルを他者が学ぶのを、わざわざ手助けしてあげること」というもので、[*9]ヒト以外にはそれを行っている種はほとんどいない、ヒト特有の行動なのです。それというのも、ヒトは教育がなければ生きていけない動物だからです。

その中にはもちろん学校教育も含まれます。しかし学校が教えてくれないたくさんのことがあります。基本的な衣食住の「衣」にしても、ただ服を買って与えておけばよいのではなく、パジャマの着方、脱ぎ方、靴に右と左があることなど、鳥が誰からも教わることなく空を飛んだりクモが巣をつくれるように、遺伝的に本能で知っているわけではありません。直立二足歩行や母国語など、意図的に教えなくとも子どもが自ら獲得できる能力もありますし、ものによっては他人がやっているのを、見様見真似《まね》で独力で学べる勘の良い子もいたりはしますが、ヒトが文化を通じて生み出して使っている知識のほとんどは、一つひとつを教えてあげねばなりません。私たちは一人前になるまでにどれだけ多くの知識やスキルを身につけねばならないのでしょう。これらの多くは家庭あるいは家庭のようなところで、親または親のような役割を果たしてくれる人から教わります（「家庭のような」

「親のような」と言ったのは、なんらかの事情で実親ではない大人に育てられたり、児童養護施設などで生きる子どもたちもたくさんいるからです。ただこれ以降はそれらをすべて「家庭」「親」とまとめて呼ぶことにします)。

親は着替えやトイレやお箸の上げ下ろしや挨拶の仕方など、日常生活で必要な知識やスキルだけでなく、さらに生きてゆくのに役に立つ、親が自らの経験で学んださまざまな知恵や知識も、子どもとの生活の中で、意識するとしないとにかかわらず、教えてゆきます。それは自営業で培った仕事の極意や歌舞伎のお家芸ばかりではありません。「教える」という人間の営みは、学校でなされることである以前に、本来、生殖や食物分配と同じく、生物としてのヒトが生き延びるために獲得した本能的ともいうべき生存ストラテジーなので、ヒトは知らず知らずそれを行っています。それは損得を超えた利他的な行為、ヒトであればどんな悪人でも、どんな自分勝手な人でも他者に対して自然にもつ愛情の発露であり、これを古代ギリシャの哲学者プラトンは「エロス」と名づけました。エロスは、その情念が肉体に向かえば性愛に、そして魂に向かえば愛智(「フィロソフィア」、つまり哲学と同じ意味の、知を求める心)と教育となってあらわれると考えたのです。

映画『万引き家族』で語られた「教育」

このことを鮮烈に描いていると私が強く感じたのが、2018年カンヌ国際映画祭で最高賞のパルムドールを受賞し、日本アカデミー賞でも8部門最優秀賞を受賞した是枝裕和《これえだひろかず》監督の映画『万引き家族』です。この映画の中で、幼いころにどこからか連れて来てしまったらしい血のつながっていない子どもに万引きの手口を教え、家族ぐるみで万引きを繰り返して生計を立てる父親の姿が描かれます。リリー・フランキー扮する、生きることに不器用なこの父親は、しかし子どもへの愛情だけは哀しいほどに純粋で素直で、それが本当の家族愛とは何かを問うこの映画のテーマにも結びついています。やがてこの犯罪は暴かれ、家族はみな警察の取調べを受けることになります。ここで「子どもに万引きをさせるのはうしろめたくなかったですか」と正論で諭すように問い詰める刑事に、この父親を演ずる男が「オレ……、ほかに教えられることがないんです」とうつろにつぶやく場面に、私は嗚咽をこらえることができませんでした。もちろんこんな教育は非倫理的です。しかし財産も教養もないこの惨めな男が、子どもに与えることのできる唯一の知識が万引きの手口だったという、教育の生物学的本質の生む愛情の表し方のあまりの哀しさに、心を強く打たれたのでした。

とはいえこれは教育のかなりデフォルメされたすがたであることは言うまでもありません。親はふつう、賢く感受性豊かな子に育てようと、絵本の読み聞かせをしてあげたり、家庭教師や塾や予備校にお金を出すなどのいろいろな工夫をします。あるいは何か才能をみつけるためいろいろなおけいこごとに通わせたり、少しでも多様な経験をさせようとアクティヴィティーに参加させたりするかもしれません。

親が心を砕いて子どものために用意するこうした教育的な働きは、果たしてどのくらい期待通りの結果に結びつくのでしょうか。

遺伝と環境を分けて考える

子育ての仕方が学業成績とどの程度関係しているかについては教育心理学や発達心理学、最近では教育社会学や教育経済学の研究者たちが、さまざまな成果を出してきています。たとえば親が子どもの自律性を尊重すること、しつけに厳しすぎないこと、読み聞かせをしてあげることなどが、子どもの学業成績と関係あるという結果が報告されています。*10

ただこうした研究はえてして親が原因なのか子どもが原因なのかの区別をしにくいとい

う問題があります。親が子どもの自律性を尊重して子ども扱いせず一人前の人間として育てようとしているから子どもの成績がいいのか、子どもの成績がいいから自ずと親も子どもの自律性を尊重できるのかわかりません。さらにこれらの研究が扱っていないのが、まさに「遺伝」です。ひょっとしたら、親の知的で本好きな傾向が子どもに遺伝的に伝わったから、子どもの成績も伸びたのかもしれません。

行動遺伝学はこうした問題に、遺伝と環境の影響を分けて因果関係を示すことができます。

まず前章でご説明したように、パーソナリティや発達障害・精神病理にはほとんどかかわっていない共有環境が、知能や学業成績には無視できないほどかかわっていたことを思い出してください。これはとりもなおさず、同じ家庭で育ったきょうだいが、遺伝要因の個人差とは別に、環境の違いからくる影響を受けて、互いに似ているということです。そしてこれがだいたい学力の場合は30％くらいかかわっています。遺伝の50％には及びませんが、それでもかなりの効果量を持っているといえるでしょう。

特に学力の場合は、学校で習う勉強をする環境が家庭で与えられているかどうかが成績を左右します。当たり前のことですが、いくら算数や理科の成績に遺伝の影響が50％もあるからといって、生まれつき掛け算九九やつるかめ算や連立方程式を解けるわけはありませんし、ましてや遺伝子の中にリトマス試験紙が酸性だと赤くなるといった知識が書き込まれているはずはありません。ヒトはそれらを学ぶ環境に置かれたときに、脳の中にそれを理解し問題を解くための何らかの変化を起こします。それを起こしやすい神経ネットワークや神経伝達物質の分泌を、その子どもがもともとどの程度、遺伝的に持ちあわせていたかの違いが、遺伝の影響として算出されるわけです。その前提として、そもそも「それらを学ぶ環境」がどのように、どの程度あったかも影響するのは言うまでもないことです。

それでは親が家でいつも子どもに勉強しなさいと言い続ければ、子どもの成績はそれなりに上がるのでしょうか。あるいは世界文学全集や問題集をたくさん買って、子ども部屋に置いておいてあげればよいのでしょうか。

親の育て方が子どもの学力にどう影響するのか

私たちの研究では、学齢期のふたごの子どもとその親を対象に、家庭での環境、子ども自身の勉強へのとり組み方、そして学業成績との関係を調べました。*11 双生児法による行動遺伝学的分析手法が他の分析手法と違って優れているのは、遺伝の影響と環境の影響を区別して因果関係を明らかにすることができるということです。

第2章で、一卵性双生児と二卵性双生児の類似性を比較することにより、ある形質に影響を及ぼす遺伝と環境の程度を推定することができることをお話ししました。ここでもう一度繰り返すと、「一卵性が二卵性よりもよく似ていれば、それには遺伝の影響がかかわっていると判断でき、さらに一卵性の類似性が二卵性を上回る程度が大きければ大きいほど、遺伝の影響が大きいと判断できる。逆に一卵性双生児も二卵性双生児もどちらも似ていたとしたら、それは遺伝によるのではなく、二人が経験を共有することのできる共有環境がかかわっていたと推察できる。さらに遺伝要因も共有環境要因も等しい一卵性ですら似ていないとしたら、その分は一人ひとりに固有に効いている非共有環境の影響である」というものです。これは身長や体重、知能や学業成績、外向性や神経質さなども、ある一つの形質として考えたものでした。

この考え方は、因果関係について考えたい二つの形質にあてはめることができます。たとえば親が子どもに本の読み聞かせをすることと学業成績との関係について考えてみましょう。これは子どもにより多くの読み聞かせをすることが原因となって、それによって学業成績が良くなるという結果をもたらすと考えられがちです。もしそうなら一卵性双生児のきょうだいでも二卵性双生児のきょうだいでも、同じように親が読み聞かせをするほど成績が良くなるという関係が見られるはず。つまりふたごの一方にたくさん読み聞かせをしていれば、一卵性であろうと二卵性であろうと、もう一方の子どもにも同じようにたくさん読み聞かせをしており、その結果、卵性にかかわらず子どもの成績は良くなっているはずです。これならば「共有環境」が原因です。そしてふたごの一方への読み聞かせの程度と、そのふたごのもう一方の学業成績とが、一卵性でも二卵性でも同じように高く相関するはずです。

しかしもしこれが遺伝が原因だったらどうなるでしょう。つまり子どもが遺伝的に学業成績が良いほど、親も子どもによりたくさん読み聞かせをしたとしたら、一卵性のきょうだい間ではこの因果関係が同じ程度に現れますので、一方への読み聞かせの程度ときょうだいのもう一方の学業成績の相関が高くなりますが、二卵性だときょうだいで遺伝的に違いますので子の相関は低くなります。この考え方に基づいて統計的な解析をすることで、読み聞かせと学業成績との因果関係が遺伝と共有環境、そしてさらには非共有環境によってどの程度を説明できるのかを推定できるのです。

ここでご紹介する調査は、科学技術振興機構（ＪＳＴ）の資金で首都圏に住む双生児家庭を対象に行ったかなり大規模なもので、小学校低学年だけでも784組もの双生児家庭が参加してくださいました。この小学校低学年の結果が興味深いので詳しくご紹介しましょう。

子どもの学業成績は、算数と国語についてどの程度の成績を取っているかを4段階で答えてもらっています。小学校低学年の子どもはまだ自分でアンケートに答えるのは難しいので、調査はすべて親のアンケート報告、つまり親による主観的な意識評定によって行われています。しかも学校による評価の違いは反映されていませんから、本当の学力かどうかは確かではありません。しかしそれでも次のような興味深い結果が浮かび上がってきました。

子どもの学力評定に統計的に有意にかかわっていることがわかったのは、次の四つの項目でした。

①読み聞かせをしたり読書の機会を与えてあげること
②親が子どもに「勉強しなさい」と言わないこと
③子どもをたたいたりつねったりけったりしないこと

図3-1　読み聞かせ・読書機会と学力評定（成績）に及ぼす遺伝と環境の影響

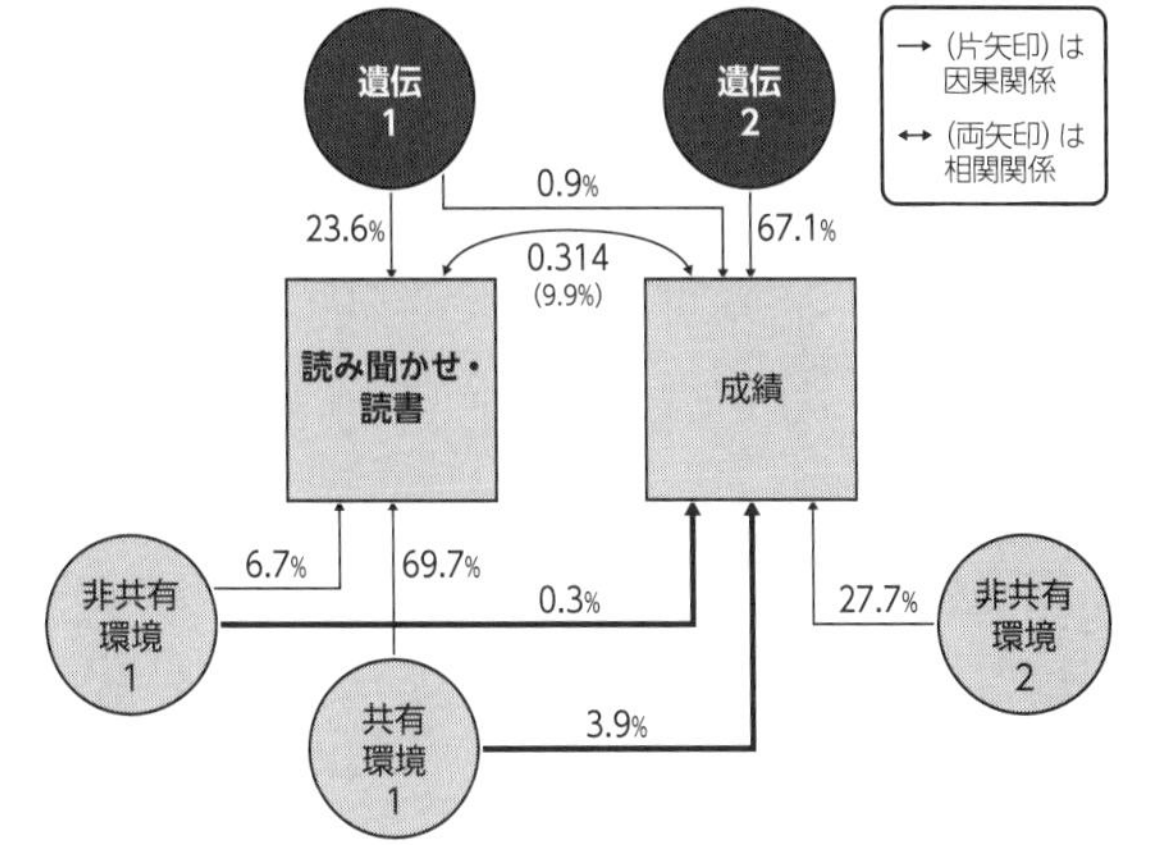

［安藤（2021）］

④子どもを自分の言いつけ通りに従わせること

このうち一番子どもの学力に影響を及ぼしていたのは読み聞かせや読書の機会（①）で、その個人差だけで子どもの学力のばらつきの5・1％を説明します。ところがその内訳を遺伝と環境に分けて見てみると、さらに細かいレベルで興味深いことがわかります［図3－1］。

親が子どもに読み聞かせしようと思っても、子どもがそれを聞こうとしなければ成り立ちません。一方、子どもがいくら読み聞かせをしてほしいと思っても、親の方にその気がなければやはり成り立ちません。さらにふたごのきょうだいは、一卵性であっても個性があり、いつも一緒に同じだけ読み聞かせをしているとは限りませんから、どちらか一方によりたくさん読み聞かせをしている場合もあるでしょう。

子どもが本の読み聞かせを聞こうとする傾向は遺伝の影響として、親から読み聞かせをする傾向は共有環境の影響として、これらの影響力を、行動遺伝学の分析は統計的な手法によって算出することができるのです。そしてその結果、子どもが親から読み聞かせをしてもらいたいと思う遺伝的傾向の影響力が0・9%、親が子どもたちに読み聞かせをするという環境的働きかけの影響力が3・9%、そして特に一人ひとりに個別に読み聞かせをする環境的働きかけの影響力が0・3%強あることが示されました。これは子どもの読み聞かせに対する遺伝的素質いかんにかかわらず、親自身の積極的働きかけによって4%近く、学力を上げる可能性があることを意味します。これはかなり大きな効果があるといえます。

このデータでは、親が子どもに「勉強しなさい」と言わない方が成績が良いことも示されました（②）【図3-2】。これは因果関係が逆でしょう。つまり親が「勉強しなさい」と

図3-2 「勉強しなさい」の声がけと学力評定（成績）に及ぼす遺伝と環境の影響

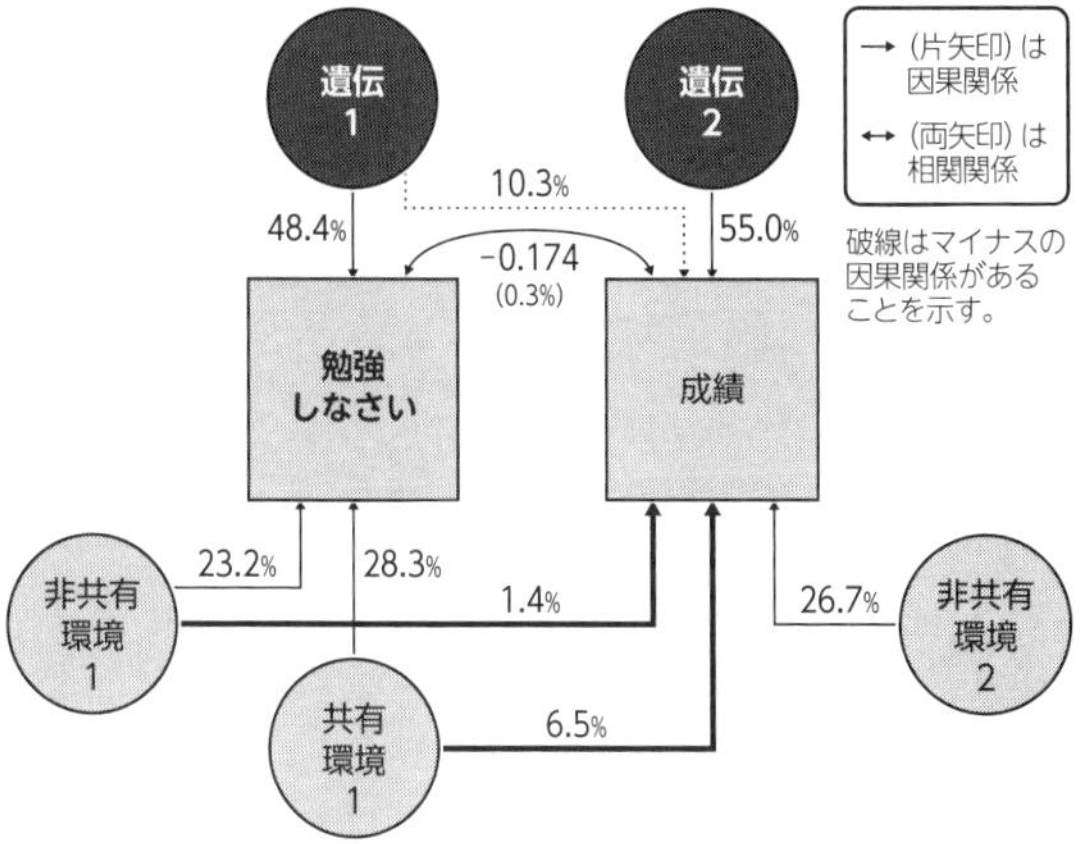

［安藤（2021）］

言うのを我慢する方が子どもの成績が上がるという意味ではなく、子どもの成績がそもそも良いので、親はわざわざ「勉強しなさい」と言わずにすんでいると思われます。ですので、右記と同じように親の声がけと子どもの学業成績との関係を遺伝と環境に分けて見ると、遺伝的には「勉強しなさい」と言われない傾向の子ほど勉強ができるという関係が10・3%を説明します。しかし興味深いのは環境では逆に「勉強しなさい」と言った方が共有環境として6・5%、非共有環境としてさらに1・4%を説明することがわかりました。これはいったいどういうことかというと、まず全体的に見れば、

図3-3　たたくなどの親の行為と学力評定（成績）に及ぼす遺伝と環境の影響

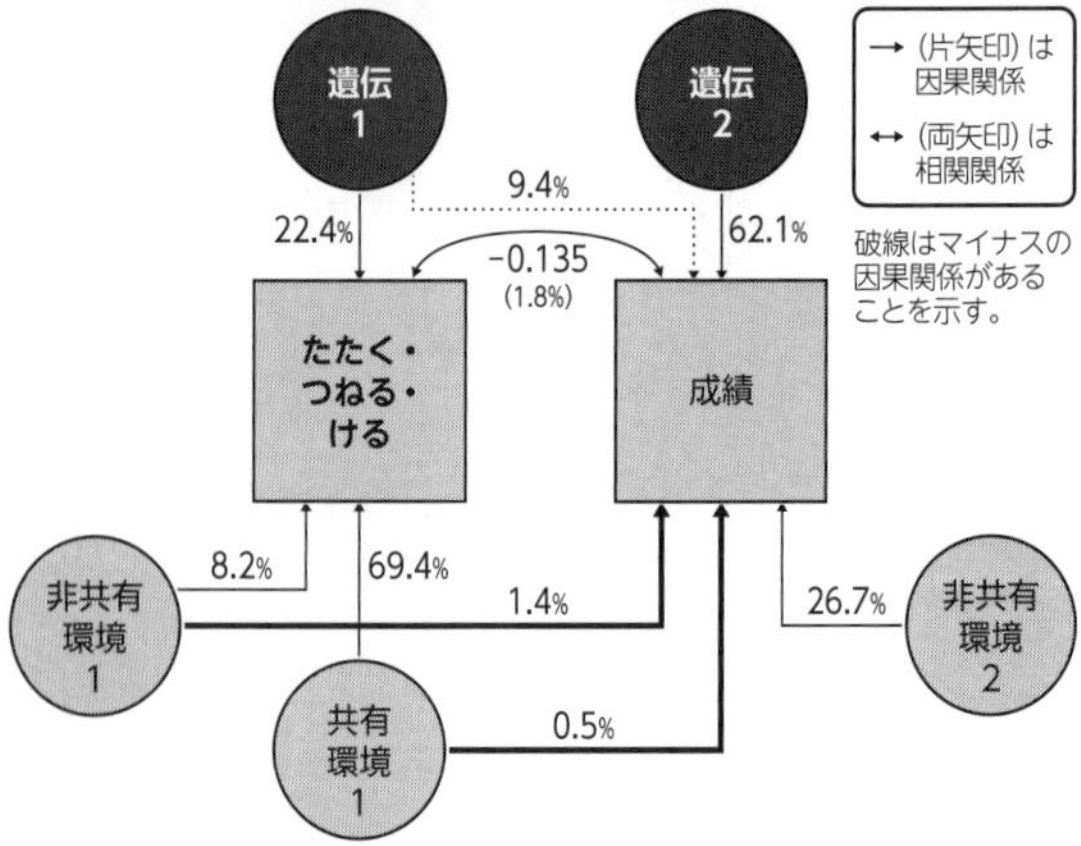

［安藤（2021）］

遺伝的に成績のいい子の方が勉強をしなさいと言われない傾向にある、しかし成績に関して遺伝的に同程度であれば、その中では勉強しなさいと諭されたほうが成績が良くなるというわけです。子どもの能力と親の働きかけの駆け引きが垣間見られる結果だといえるのではないでしょうか。

これと同じ傾向が、③子どもをたたいたりつねったりけったりするという虐待行為についても見られました【図3-3】。全体的には成績のいい子ほどたたかれたりつねったりけったりはされないという傾向で9・4％説明されますが、子ども

図3-4　親の言いつけに従わせることと学力評定（成績）に及ぼす遺伝と環境の影響

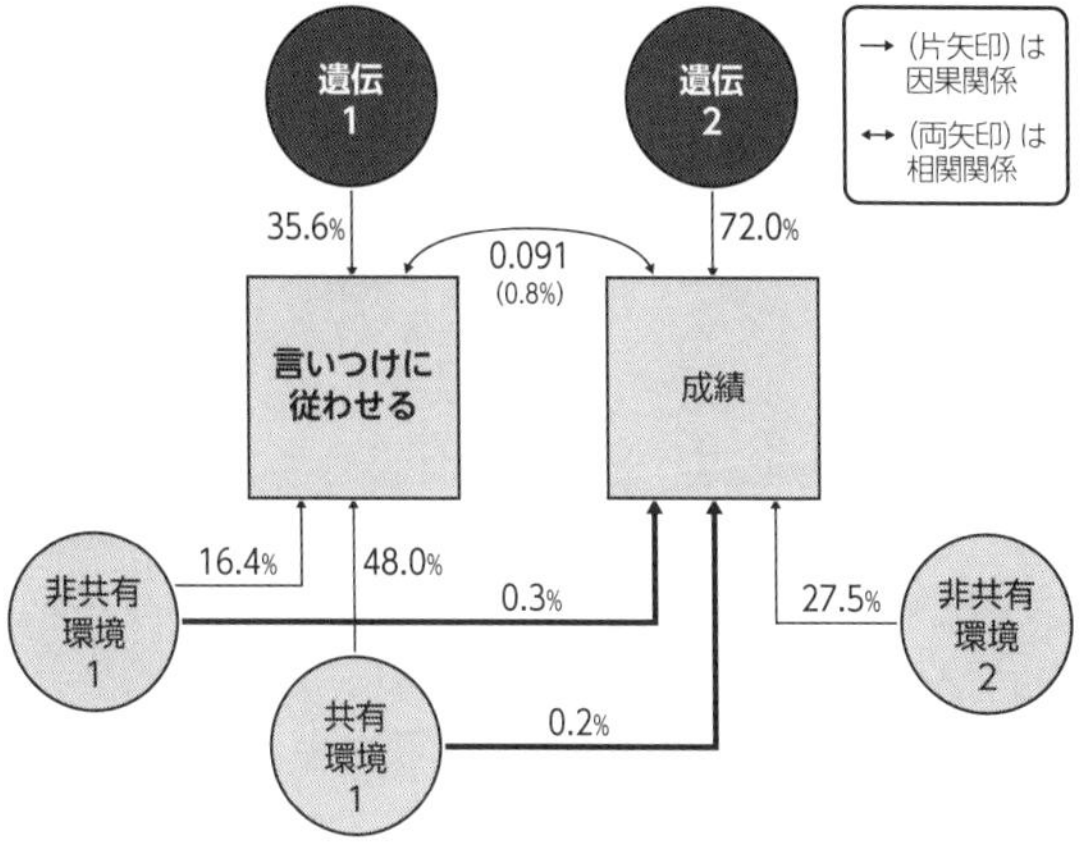

［安藤（2021）］

の聞き分けのなさが遺伝的に同じ程度だと、このような「しつけ」をされる子の方が、非共有環境としてわずか0・5％ですが成績を高めています。

ただし、「しつけ」と称して行う暴力行為は決して許されるものではないことを、ここでお断りしておきます。

親が子どもに言うことをきかせようとする傾向と学業成績との関係（④）については、全体として0・8％とごくわずかな効果量しかありませんでしたが、ここには遺伝の影響は全くかかわっていないことがわかりました【図3-4】。親の言いつけに従わせる傾向自体は35・6％

ほどの遺伝の影響がある、つまり子どもの遺伝的な傾向が親の言うことをきくかどうかに影響を受けるのは確かなのですが、それと学業成績とは関係なく、親が子どもに言うことをきかせようとするほど子どもの学業成績がよいという共有環境の影響が０・２％、また一卵性であっても一人ひとりに固有に言うことをきかせようとするかどうかの違いで０・３％が説明されました。

「親の努力」の厳しい現実

この研究について注意していただきたいことが二つあります。子どもの学力については、家庭の社会経済的状況が影響を大きく及ぼしていることが、近年の社会学的調査で明らかにされています。[*12] 家庭の社会経済的状況には親の収入や学歴がかかわっており、それ自体に遺伝の影響があって子どもになんらかの影響を及ぼすことがあるかもしれません。たとえば本を買ってあげられる収入や親の学歴に親自身が受けついだ遺伝の影響もあるかもしれず、それが子どもに伝わっているとしたら、純粋に読み聞かせの影響を図ったことにはならないのではないかという疑問が発せられても無理はありません。実際、子どもの成績に親の収入や学歴が３・８％ほどかかわっていることが示されています。しかし前ページまでご紹介してきた研究の分析では、あらかじめ親の収入や学歴の効果を統計的に除去して行っています。

またこれはあくまでこの調査に用いられたサンプル（協力してくださった方々から得られたデータ）から算出された推定量に基づく結果ですので、ここで示した何％という数字がどんな人たちにもあてはまる定数のようなものではないということも心に留めておいてください。あくまでも親の与える家庭環境と子どもの学力との関係は、遺伝要因も絡めるとこんなに複雑であるということをわかっていただくためのものです。

この調査で扱ったほかの学年についても、結果はおおむね同じ傾向が見られました。すなわち子どもに読み聞かせや音楽を聞かせるなど文化的環境を与えること、そして子どもを支配しようとする暴力や恐怖ではない形でマナーや生活習慣をきちんと守った秩序ある日常生活を送らせようとすることは、子ども自身の遺伝的素質いかんにかかわらず、学力に一定の影響を及ぼします。その影響力は、遺伝が50％に対してせいぜい５％程度と決して大きくはなく、親の努力が子どもの遺伝を乗り越えるほど影響しないことは、厳しい現実として受け止めねばなりません。しかし子どもの遺伝に加えて、親の働きかけがこれだけの影響力をもちうるという研究結果は、学業成績にかかわらず、重要な意味があります。

収入や社会階層の影響への誤解

親の収入や学歴が子どもの学力や進学に与える影響は、研究によって3％程度から30％ほどとばらつきこそあれ、残念ながら確実にあります。やはり収入がよい家庭ほど、子どもの学力や大学進学率は高くなる傾向があることは否定できません。金銭的に豊かであれば、本や参考書を買ってもらえたり、あちこちに旅行に連れて行ってもらって見聞を広げる機会にも恵まれますし、塾や予備校やおけいこごとなどにも通わせてもらえます。だからこそ前節で紹介した研究では、その影響を統計的に除去して残る部分に効く親の子育ての効果として、読み聞かせやしつけのあり方などを検討したのでした。

しかしそれとは別の視点から、家庭の収入や社会階層が子どもの学力や知能に及ぼす影響について、行動遺伝学は明らかにしています。それが家庭の社会階層と遺伝との交互作用という現象です。アメリカで行われた研究では社会階層が上位のクラスでは、学力や知能に及ぼす遺伝の影響がより大きいのに対して、社会階層が下位のクラスでは逆に共有環境の影響が大きく出るのです。[*13]

社会階層が上位であれば教育にも恵まれて、成績が下位の階層の子どもたちよりも良くなると思われるかもしれませんが、話はちょっと違うのです。確かに集団全体の平均値を見れば収入の恵まれている層の方が成績は良い傾向にあります。しかし社会階層が高いとは、そのお金を使う自由もあることになります。勉強好きな人はそれを自分の知的活動に費やすでしょうが、そうでない人はそれ以外のところに費やす。その結果、人々の遺伝的なばらつきがより顕著にあらわれて、相対的に遺伝率が高くなるようです。

一方経済的に恵まれていない家庭の子どもたちは、選べる環境にあまり自由度がありません。すると親がどんな環境をつくっているかに大きく影響を受けて、限られた収入を子どもの教育に使おうとする勉強熱心な親と、そのお金を自分が遊ぶために使ってしまうような親とで、子どもの成績も大きく違ってくる。これが共有環境の影響としてあらわれてくるのです。

これは別の見方をすれば、経済的に恵まれていない家庭では、子どもが自分の遺伝的素質を発揮する自由な環境が与えられず、親のつくる環境に大きく左右されるということでもあります。それは決して子どもが本人の遺伝的素質にかかわらず親のしつけや教育に素直に従うという状態とはいえないのは明らかでしょう。こういう環境でも本来、遺伝的素質のある子どもであれば、野口英世のように逆境を跳ね返して優秀な成績を上げることも、ポリジェニックスコアを用いた研究で示唆されています。[*14] しかしそうした子はごくまれでしょう。このように経済的に恵まれない家庭には、やはり行政の力でなんらかのサポートをするべきだと思われます。

社会階層が高いと学力への遺伝の影響が大きく出やすいことの理由として、そもそも学習しようというモチベーションの個人差にも、階層による遺伝的な差があらわれていることを示した証拠もあります。平均以上の社会階層の子どもでは、その子のモチベーションに及ぼす遺伝的素質による個人差が顕著に発揮された結果、成績の差となってあらわれているのですね。

この傾向は日本のサンプルを用いた私たちの研究でも再現されました。[*15] しかしアメリカではこの傾向が見られるものの、イギリスでは再現されていません。イギリスの社会階層のあり方が日本やアメリカと違うのかもしれません。

子どもをコントロールする親、子どもに振り回される親

子どもの学業成績については、親の働きかけと子ども自身の素質が絡まりあうさまを見ることができました。親が子育てでもう一つ直面する問題は、子どもがしでかす問題行動

でしょう。すぐカッとなって人に手を出す、大人の言うことを聞かない、さらにはうそをついたり人のものを盗んだりする。こうなると親としては黙ってはいられず、厳しく叱ることになります。しかし子どもからすれば、お母さんやお父さんがすぐ怒って手を出すから、ついイライラして自分も友達に手を出したり反抗したくなってしまうと思っているかもしれません。実際、親の養育態度が厳しければ厳しいほど、子どもは悪い行いをする傾向があります。あるいは子どもが悪い行いをする傾向が強いほど、親の養育態度は厳しい傾向にあります。果たして因果関係はどちらから先に始まったのでしょう。

ふつうこのような「卵が先かニワトリが先か問題」では、親か子かのどちらかに一方的に原因があるのではなく、双方の間の「相互作用」なのだと説かれます。子どものふるまいと大人のしつけの厳しさが相互に絡まりあっているのであって、どちらにも一方的に責任を負わせることなく、両方が努力しあおうというのが「正しい」態度とされます。それはそれで、子育ての場では大事な姿勢であることには違いがないのですが、行動遺伝学的な分析をすると、そこには双方のもう少し繊細なメカニズムを垣間見ることができます。

行動遺伝学の原則の一つが、あらゆるものに遺伝的な差異があるということでした。ここでいえば、子どもが悪さをする程度にもともと生まれつきの差がある。ただその程度が環境によって強く出すぎることもあれば、抑えられたりすることもあると考えます。この場合、どんな条件で子どもの聞きわけのなさや暴力的な行為やうそ・盗みなどの行為が助長されるのか、あるいは親のかかわり方でそれをコントロールできるのかということが問題になります。

ここで着目したのが、親にとって子育てのしやすさにかかわる要因の一つである子ども自身のもつもともとの多動・不注意傾向です。多動・不注意傾向というのはいつももじもじと落ち着きがないとか、気が散りやすくて物事に集中できないといった傾向のことで、これが高じると、いわゆるADHD（注意欠陥・多動性障害）という発達障害として診断されます。この傾向があると子育てがしにくくなり、ついしつけも厳しくなりがちになるのではないか、と考えたのです。

ちなみに多動・不注意傾向も悪さをする傾向も、いずれももともと生まれつきの差はありますが、多動・不注意それ自体は悪さではなく、多動だから友達に暴力をふるってしまうとか、不注意だから盗みを働いてしまうというわけではありません。これらは違う遺伝子たちによって影響を受けており、それらは第1章で詳しくお話ししたメンデルの独立の法則に従い、互いに無関係であると考えられます。

ふたごのデータを用いると、先の学業成績に及ぼす親のかかわりの分析でも行ったように、相関する二つのできごと（たとえば「学業成績」と「読み聞かせ」のように）が遺伝によってどの程度、また共有環境によってどの程度説明できるかを分析することができます。この子どもの問題行動と親の子育ての厳しさとの関係について、多動・不注意傾向の高いグループと低いグループで比較してみたところ、[*16]基本的にはどちらのグループでもこれらの関係には遺伝要因も共有環境要因も非共有環境要因も、いずれもが両者の関係にかかわっていました。つまり子ども自身が遺伝的に悪さをする傾向があるから、親もそれに引きずられて養育態度がきつくなるという要素もあるし、親がもともと厳しく子どもに当たってしまう人なので子どもの問題行動が助長されるという要素もあるし、特にふたごのどちらか一方にきつく当たりがちになるためにその子の問題行動が助長されるという要素もありました。

ただし子どもの遺伝要因と親の非共有環境要因が双方の関係にかかわる程度は、多動・不注意傾向の高いグループも低いグループもどちらのでも同程度にかかわっているのに対して、共有環境要因のかかわりが、多動・不注意傾向の高い子どものグループのほうでより大きいことが示されました。つまりもともと多動・不注意の傾向が高い子どもの場合に、親がつい子どもに厳しく当たってしまう傾向が高まり、それによって子どもが問題行動を起こしやすくなるのです。

これは親の子育てスタイルの方に問題があるということになります。逆に言えば、子育ての仕方をもっと冷静に見直して、子どもが不注意だったり多動であったりしたからといって、むやみやたらにしつけを厳しくしすぎないようにすれば、問題行動もある程度抑えることができる可能性があるのです。多動・不注意傾向の高い子だからということで「悪い子」であると決めつけるのではなく、問題行動をしでかしてしまった子どもの事情を冷静にくみ取る努力をし、そのうえで善悪の道理を示していくことが肝要なのではないかと思われます。

一方、多動・不注意傾向の低い、その側面では健常の範囲内にある子どもの「悪さ」はどう考えればよいでしょうか。その場合、子ども自身のもつ問題行動の遺伝的傾向が高いほど、それに即して親の厳しい態度が導かれているという要素が、親自身の作り出す厳しさが子どもの問題行動を助長させるという要素よりも強いと考えられます。つまりそれは問題行動に対するしつけとして厳しくなるのは当然であるといえます。悪いことは悪いというメッセージは、子どもの多動・不注意傾向の高低にかかわらず、子どもには知識として教えなければなりませんが、同時に子どもが「悪さ」をしてしまう状況、すなわちその子特有の非共有環境が何かを見極めて、その状況に陥らないように環境を整えてあげることも必要になってくるでしょう。たとえば好きなものをきょうだいと分けあわなければならないときに、自分のことしか考えずに乱暴になってしまうことが多いとしたら、あらかじめ一人ひとりの分を分けておいて、一人ずつ渡すようにするというように。

子どもとの愛着関係は親しだい

どんな行動の個人差にも原則として遺伝の影響があるというのが行動遺伝学の第一原則ですが、例外があります。それが乳幼児期の子どもと親との愛着のあり方で、これには珍しく遺伝要因がほとんどありません。愛着、つまり子どもが親や大人に対して示す安定した心理的な距離の取り方は親のかかわり方が非常にものをいうようです。子どもは親から引き離されると強い不安を感じます。そこで親と再会するとき、多くの子どもは親と会えたことで安心感を得て、親に抱かれ落ち着きを取り戻します。しかし子どもによっては、親と再会しても親を拒絶しようとしたり、いつまでも機嫌が悪いままでいたりします。ここで子どもの見せる母親との安定した関係の取り方を一卵性と二卵性で比較すると、その類似性がほぼ同じで、共有環境が70％近くになります。

これはふだんの子どもとの関係で築かれた安心の基地としての親の接し方がどのようなものだったかがかかわっていると思われます。子どもにはもちろん遺伝的な気質として、先に述べたような遺伝的な差があり、場合によってはそれに引きずられて子育てのやりやすさも違ってきます。しかし子どもの気質とは無関係に、そもそも親自身に子どもと安定した関係を築くことが上手な人と、不安定になりやすい人がいるものです。その違いが子どもにとって、親を自分の居場所としてどれだけ安心感をもってかかわれるかどうかにかかわっているようです。しつけの仕方に一定の方針をもって、ぶれずに子どもとかかわるとか、親自身が自分の生活ストレスをうまくコントロールするなどといった配慮が必要かもしれません。

物質依存の温床になる危険

これは小さいお子さんにはまだ縁遠い話かもしれませんが、中学生や高校生、場合によっては小学校高学年のような思春期に入るころから、注意が必要になるかもしれませんので、最後に取り上げておきましょう。【図3－5】はたばこ、アルコール、麻薬などへの物

図3-5　社会的に望ましくない行動に関する遺伝と環境の影響の割合

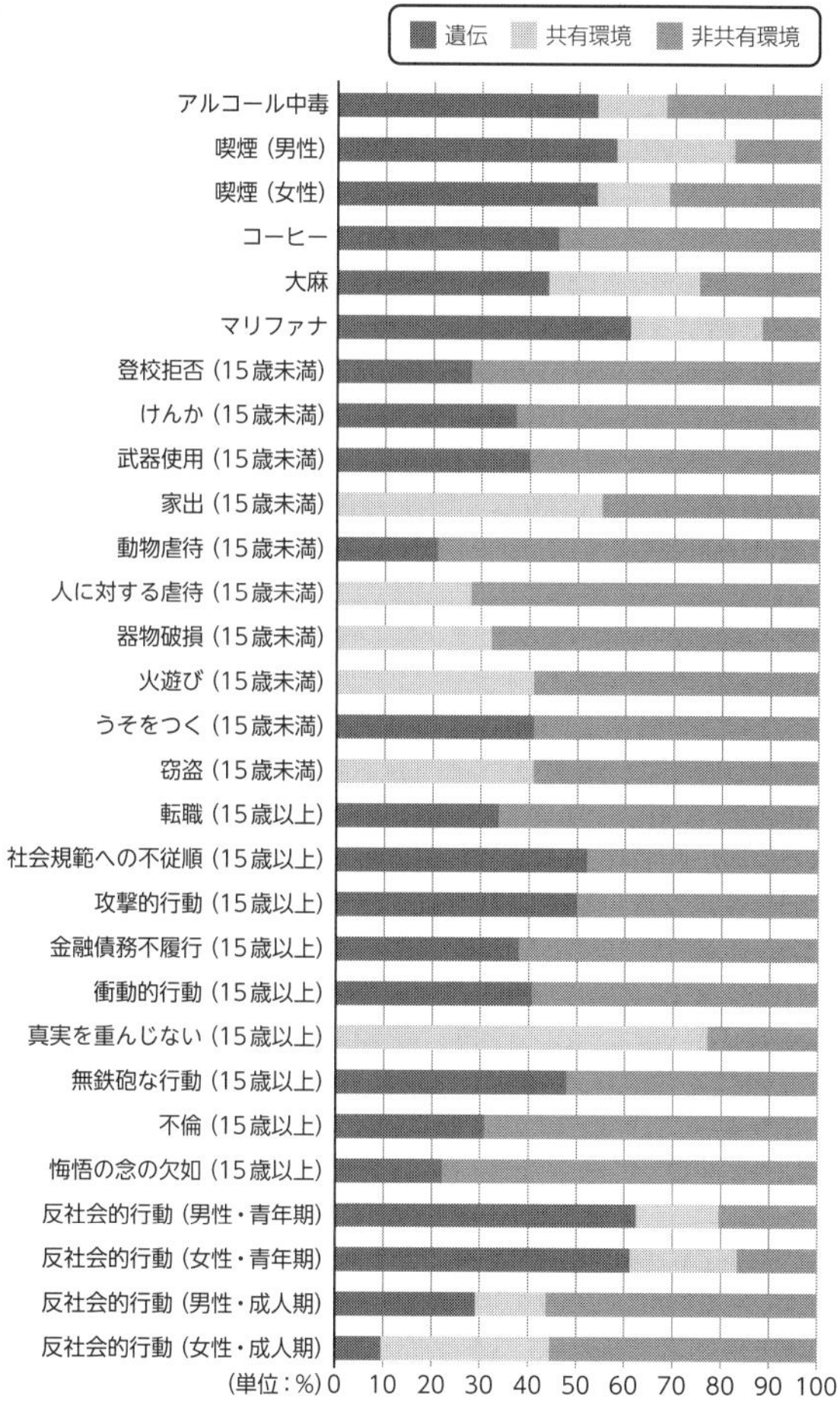

遺伝
共有環境
非共有環境
アルコール中毒
喫煙（男性）
喫煙（女性）
コーヒー
大麻
マリファナ
登校拒否（15歳未満）
けんか（15歳未満）
武器使用（15歳未満）
家出（15歳未満）
動物虐待（15歳未満）
人に対する虐待（15歳未満）
器物破損（15歳未満）
火遊び（15歳未満）
うそをつく（15歳未満）
窃盗（15歳未満）
転職（15歳以上）
社会規範への不従順（15歳以上）
攻撃的行動（15歳以上）
金融債務不履行（15歳以上）
衝動的行動（15歳以上）
真実を重んじない（15歳以上）
無鉄砲な行動（15歳以上）
不倫（15歳以上）
悔悟の念の欠如（15歳以上）
反社会的行動（男性・青年期）
反社会的行動（女性・青年期）
反社会的行動（男性・成人期）
反社会的行動（女性・成人期）
（単位：%）
0
10
20
30
40
50
60
70
80
90
100

質依存や非行や犯罪といった社会的に望ましくない行動に関する遺伝と環境の影響の割合を示したものです（なお、「コーヒー」は物質依存の一つとして、「転職」は社会的不適応行動のひとつとして、ここでは挙げられています）。ご覧のように共有環境の影響があるものが少なくありません。これらも家庭環境が重要であるものです。

物質依存はわかりやすいですね。そもそもたばこやお酒が家のすぐ手に届くところにあって、親もそれらをよく口にするのを日ごろから見ていれば、そうでない家庭と比べて、ニコチン中毒やアルコール中毒になりやすいであろうことは容易に想像がつきます。いや親はたしなむ程度にしか飲んでいないから大丈夫と思うかもしれませんが、物質依存になりやすい体質には遺伝的な要因もあり、第1章で説明したようなポリジーンの遺伝子伝達の仕組みによって、子どもがたまたまその依存体質になりやすい遺伝的傾向を親より強くもっていたとしたら、依存症に導かれるリスクは高くなるといえるでしょう。

ということはその逆もありえます。これは正に私の場合がそうなのですが、父親はお酒とたばこでほとんど依存症といっていいほど、その量の多さで親族の間でも有名でした。しかし私はお酒を全く飲めないわけではありませんが、飲むとすぐに赤くなって酔っ払い、すぐ眠くなる体質で、そのうえ、その酔っ払って周りに議論を吹っかけたがる父親を好ましく思っておらず、あんなふうになりたくないという気持ちも働いて、お酒はほとんど飲みません。

アルコール依存になるかならないかはALDHとADHというアルコール分解酵素の遺伝子の型がかかわっています。父はどちらも優性のホモだったのでしょう。一方、母がお酒飲みであったところを見たことはないので劣性のホモ、そしてそれを受け継いでいた私の遺伝子型がヘテロだったから、このようなことになったのだと思われます。

ちなみに物質依存にみられる共有環境の影響は、必ずしも親や家にあるとは限りません。きょうだいのどちらかが友達から教わってきたら、親に隠れてそういうものに手を出してしまう可能性は高くなるでしょう。これも共有環境の要因になる可能性があります。

遺伝と環境が逆転する〝15歳〟

非行はまた少し違うメカニズムがあるのではないかと思われます。ここで、非行と犯罪は区別する必要があります。非行とは万引きや不純異性交遊や未成年飲酒・喫煙など、若いときのワルな行為、いってみれば若気の至りでやってしまった過ちです。こういう行為は、悪い友達の仲間になってしまったり、あるいは住んでいる地域にそうした行為が起こりやすかったりすると、なびいてしまいがちです。

一方、犯罪とは強盗、殺人、詐欺といった、もはや若気の至りで済まされない、正真正銘の悪事、反社会的行為のことをいいます。行動遺伝学が共有環境の影響の多さを示しているのは、このうち若気の至りの方の非行です。121ページ【図3－5】を見ると15歳を境に、それ未満だと共有環境が多いのに対して、15歳以上になると遺伝の影響が多くなり、逆に共有環境の影響はほとんどなくなります。酒やたばこも飲めなければ一人前ではないというピアプレッシャー（友達どうしの同調圧力）が働きやすい環境に置かれれば、未成年喫煙、未成年飲酒も、それをすることが勲章だと思わされるでしょう。

一方、分別がつく歳になっても、衝動に身を任せてものを盗んだり、人をだまして悪事を働いたり、繰り返し性犯罪を犯してしまう根底には、その人の遺伝的素質がかかわってきます。ただ、誤解してはならないのは、そのような遺伝的素質があると必ず罪を犯すとは限らないということです。この図は、これらに非共有環境も大きく影響することを示しています。これは一人ひとり異なるだけでなく、同じ人においても状況によって異なる環境の影響を意味します。つまり素質があっても、罪を犯すことのできる状況に出くわさなければ犯罪には至らないのです。どろぼうは、もちろんそれをする人が悪いに決まっていますが、家に必ず鍵をかけ、どろぼうをさせない状況にしておくこともまた大事なことであるのは、言うまでもありません。

　このように行動遺伝学は、遺伝についてだけでなく環境についても有効な示唆を与えてくれる知見を生み出しています。本章では特に人の子の親として行うことのできる環境のつくり方を示してくれている研究例をご紹介してきました。子どもの育ちは親しだいと謳《うた》う育児書も少なくありません。それに対して行動遺伝学は、子どもも遺伝的に独自の存在として生きていることが示される以上、子育て万能主義には立てないと考えています。しかしそれは遺伝決定論なのではなく、子どもの遺伝的素質に寄り添って親自身の生き方やふるまい方を調整し、子どものより良い人生に寄与できる可能性もあることを、頑健なエビデンスで示してくれているのです。

---

*9　Caro, T.M., Hauser, M.D.（1992）Is there teaching in nonhuman animals?, *The Quarterly Review of Biology*, 67(2): 151–174.

*10　たとえば野崎華世ほか（２０１８）「親の所得・家庭環境と子どもの学力の関係」NIER Discussion Paper

Series, 8 Pinquart, M.(2016) Associations of parenting styles and dimensions with academic achievement in children and adolescents, *Educational Psychology Review*, 28, 475–493.

＊11 https://www.blog.crn.or.jp/report/02/273.html（安藤寿康〔２０２０〕格差と学業成績――遺伝か環境か）
https://www.blog.crn.or.jp/report/02/291.html（安藤寿康〔２０２１〕小学生の学業成績におよぼす家庭環境の影響――遺伝要因との関わり）
https://www.blog.crn.or.jp/report/02/297.html（遺伝と環境が学力にどのように影響するか――家庭の社会経済的背景、親の教育的関与、本人の努力、そして遺伝）

＊12 松岡亮二（２０１９）『教育格差』ちくま新書

＊13 Turkheimer, E.(2000) Three laws of behavior genetics and what they mean, *Current Directions in Psychological Science*, 9(5): 160–164.

＊14 Belsky, D.W. et al. (2018) Genetic analysis of social-class mobility in five longitudinal studies, *PNAS*, 115(31). doi: ovg/10.1073/pnas.1801238115.

＊15 安藤寿康（２０２３）「高校生の学力・進学における遺伝×社会階層交互作用」日本双生児研究学会第37回学術講演会。

＊16 Fujisawa, K.K.,Yamagata, S.,Ozaki, K., Ando, J.(2012) Hyperactivity/inattention problems moderate environmental but not genetic mediation between negative parenting and conduct problems. *Journal of Abnormal Child Psychology*, 40(2): 189–200. doi 10.1007/s10802-011-9559-6.

第４章

教育環境を選ぶ
——学校の内と外

歳を重ねると強くなる遺伝の影響

子どもが育つ環境は家庭だけではありません。特に子どもが大きくなるにつれて、活動の場は家庭を離れて、学校や学校外へと広がってゆきます。このことは行動遺伝学でも、知能の個人差に及ぼす共有環境の影響が児童期から青年期、そして成人期に向かって徐々に減少してゆくことから見て取ることができます。その代わりに大きくなるのが遺伝の影響です。

なんだ、やっぱり遺伝によって決まっているのか、親の役割は小さくなっていってしまうんだ、と嘆くには及びません。これはとりもなおさず、子どもが徐々に一人前に自立していることを示唆しているのです。

よく誤解されるのですが、知能への遺伝と環境の影響の割合についてのこの結果だけを見て、親がどう育てても、結局は子どもはなるようにしかならないと悲観的に受け止めがちです。しかし、この結果は知能だけでなく、おそらく学習や訓練によって獲得されることすべてについていえると考えてよいと私は考えています。つまり知能や学業成績以外の、たとえばおけいこごとで習うスイミングや野球やサッカー、ピアノやヴァイオリン、プログラミングやゲームの能力などもそうでしょう。さらには学校やおけいごとではきちんと教えてもらえない知識、たとえばお金の流れや世の中の仕組み、人間関係の作り方など、その人のパーソナリティによる部分もありますが、経験と知識によって学んでゆく部分も大きいものです。こういったことについても、はじめは親の姿を見て学んでいたとしても、だんだんと世界が広がるにつれて、自分の心で感じ、自分の頭で考えるようになると、それに従ってその子が両親の遺伝子を新たに組み直して出来上がったその子独自の遺伝的な素質を発揮する形で、能力を獲得しているのだと思われます。

それは感じたり考えたりするその仕方に、その子自身の遺伝的素質が反映されているからです。そしてそれは小学校に上がるくらいから、もうすでにあらわれているのです。天才児やギフティッド児がその才能を発揮するのは、すでにそのころです。世界的なピアノコンクールでの入賞経験をもつある有名なピアニストの方にインタビューしたときに、幼稚園のころから巨匠の弾くベートーヴェンのレコードを聴いて、自分だったらここはこうじゃなくて別の弾き方をする、そのときの指の動かし方はこうするというのが明確に頭に浮かんでいたというお話をうかがいました。

いや、天才でもギフティッド児でもない凡庸な子どもがそんな立派な遺伝的素質を発揮して、ものごとを学ぶはずがないじゃないかと思うかもしれませんが、それは子どもを見くびっています。

東京のおしゃれな街で人気のパン屋さんを営んでいる、ある男性は、幼稚園のころすでに「どうすれば世界は平和になるんだろう」と考えていたそうです。そして青年になり、アフリカ大陸をバイクで横断したり、フランスでパン屋に住み込みで働かせてもらったり、帰国して国連難民高等弁務官の外郭団体でボランティアをするなかで、インドで理不尽な差別を生んでいるカースト制度にパン屋がないことに気づきます。それなら下層の人々を救うために、彼らにカーストの階層にはない新しい職業であるパン屋を営む方法を教えればよいと思いついて、まず自分がパン屋になったところ、それが人気店になってしまったというのです。

学校の成績は決して良くなかったけれど、なぜか子どものころから「コンビニが店ごとに店内の造《つく》りが違うのはなぜなんだろう」という疑問を持ち続け、そこから経済の仕組みに関心がつながって起業家として成功した人がいます。

さらに、幼いころから両親の働く姿を見てその仕事に関心を自ずと寄せるようになった人、逆に親のようになりたくないと思って、それとは正反対の分野に関心を向けようとする人もいます。

その才能が社会的にはっきり目に見える形で発揮されるまでには20年くらいの時間がかかるとはいえ、それでも人生の最初の20年余りに、その人の遺伝的才能は、そのおよその姿をどこかであらわしているといってよいでしょう。

そしてその原初的な方向性は、いまの日本ならおそらく小学校高学年ぐらいになるまでに、自ずと世の中にあるさまざまな事柄に対して、自分の好きなこと、嫌いなことの濃淡としてあらわれてくるものです。それをはっきり自覚する人もいますし、自覚しない人もいます。その関心の強さが誰にでもわかる形ではっきり行動にあらわせる人もいますし、心の奥底でひそかに感じているだけの人もいます。

しかしどんな人にとっても、それが幼い子どもであっても、世界はどこを見てもかわり映えのない無味乾燥とした平坦なものではありません。自分が投げ込まれたリアルな世界が発する膨大な刺激の中から、自分の心に関連を感じられる刺激にウエイトを置いて反応し、その子独自の「自分の生きる世界像」をつくり上げていると考えられます。

図4-1　デフォルト・モード・ネットワークをつかさどる脳の部位への遺伝と環境の影響

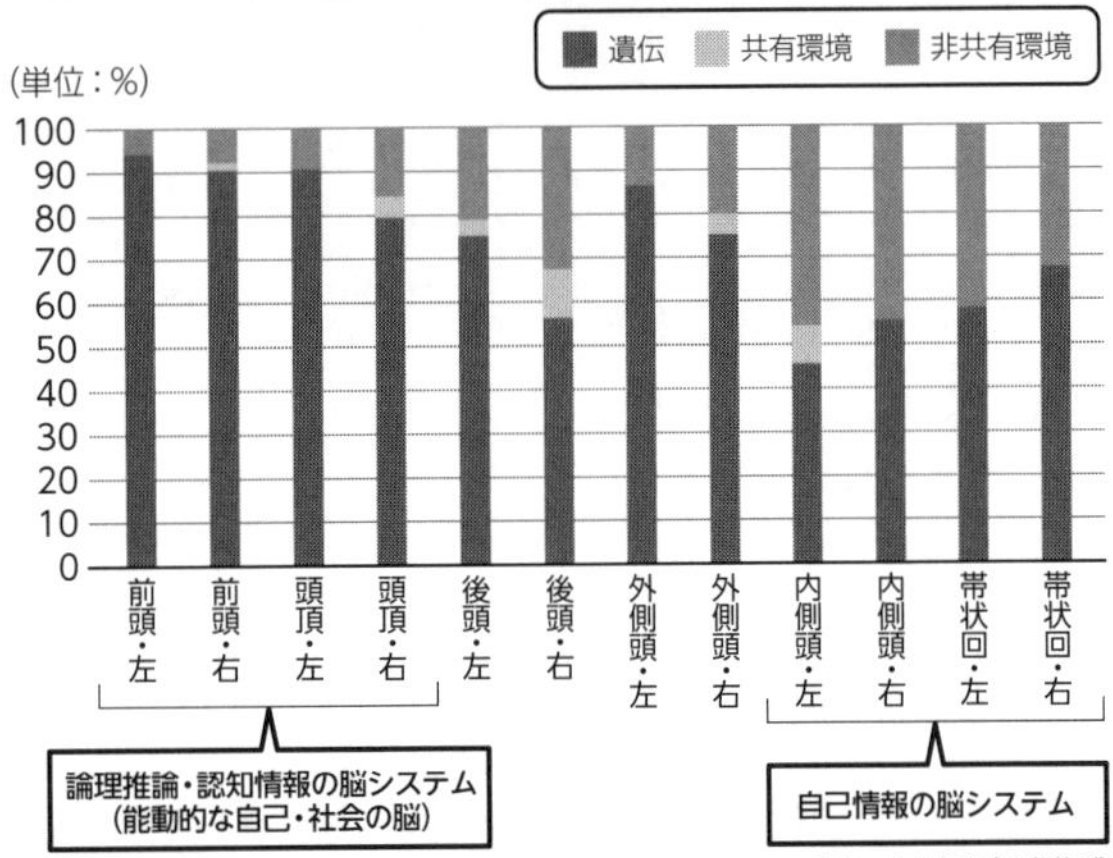

[Eyler et al. (2011) を参考に作成]

個人の経験が脳に与える影響

なぜそのようなことが起こるのか。これはまだ仮説にすぎませんが、その背後には世界についての知識の習得、別の言い方をすれば世界を理解するその人なりの内的モデルが、脳の神経ネットワークとして形成され、それに導かれて心を動かし、考え、そして行動し、その結果新たな知識を得て、その内的モデルを更新する、それが繰り返されるという仕組みがあるからだと思われます。

特にかかわっていると考えられるのがデフォルト・モード・ネットワークです。脳のアイドリング機能と呼ばれ、何もしないでボーッとしているときや寝ているときでも働き、脳活動全体の多くを占めて、その人の経験や記憶を自分自身と結びつけて形作っている部分です。

ここをつかさどる帯状回や海馬は、いわゆる知能検査や学校での勉強、さらにさまざまな知的課題を解くときに使われる前頭頭頂ネットワークの部分と比べて、その神経細胞の密度や表面積に占める遺伝の割合が、相対的に小さいことが知られています[*17]［4−1］。その代わり、非共有環境の影響が大きいのです。前頭葉や頭頂葉の遺伝率は90％以上であるのに対して、帯状回や内側側頭葉が50％ですから、いずれにせよ遺伝の影響は大きいのですが、重要なのは、個人の経験がデフォルト・モード・ネットワークにかかわる部位では効いてくる、つまり個人的な経験が脳構造にすら影響を及ぼすということです。

子どもの住む世界が家庭から社会へ、身の回りの世界からテレビやインターネットを通じてつながる世界、そしてこれから起こるかもしれない未来の世界へと広がる。これは社会的な動物、文化によって生きる動物であるヒトがもつ必然的な特徴であり、それが家庭を離れて外に向かうのは成長の当然の帰結です。その結果、家庭環境による違いや、親の子育てのやり方の違いとしての共有環境の影響が小さくなるのは、喜ぶべきことでこそあれ、嘆くことではないと思いませんか。

進化的に見た教育

現代社会では、狩猟採集社会の子どもでもない限り、必ず国の定めた学校で、子ども時代のかなり長い間、過ごさねばなりません。それは親が果たすべき国民の義務となっているからです。ここで学校とは何かという問題について、歴史的、理論的に、やや小難しく考えてみたいと思います。

そもそも学校らしきもの、つまり多くの子どもを一つの場所に集めて、家で親がしつけや子育てをするのとは異なる特別なことをまとまって教えようとし始めたのは、産業革命を迎えた18世紀のヨーロッパにおいてと考えられています。いわゆる「近代」になってからですね。それまでのほとんどの子どもは、親の身分や仕事を継ぐまでは、「子どもらしく」遊んだり、ときどきは親のそばで仕事のまねごとをしながら手伝いをして、少しずつ社会のことや人間関係のルールなどを学んでいました。ところが近代になると、西洋でも日本でも大都市に人が集中するようになり、仕事も分化し専門化して、多くの子どもがある程度、組織的に知識を身につけねばならなくなりました。読み書きそろばんのような基礎知識や、階層ごとの文化的教養です。子どもの数も増え、親は仕事で忙しくなり、子育てを外注しなければならなくなりました。そうしてできたのが、幼児教育の祖と言われるフレーベルやペスタロッチの学校、あるいは日本では寺子屋のようなところだったわけです。

学校はただ親の子育ての肩代わりをしてくれるだけのところではありませんでした。そこでは親が教えてあげられないようなことを教えて身につけさせてくれたり、家庭だけでは経験させてもらえないようなことをさせてもらえたりしました。知恵と知識がつまった童話や絵本、昔の人のことばを集めたもの、この世界にあるすばらしいものに触れる機会が、組織的に与えられるようになったのです。

狩猟採集社会でも、学ばなければならない生きるために必要な知識はたくさんあります。それは主として自分を取り巻く自然環境についての知識でした。自然環境についての知識は、自然そのものが先生でした、というのはやや比喩的な言い方で、自然を相手に自らの経験で学んだり、年上の子どもや大人の仕事ぶりを見て学ぶ形で成されていました。

しかしそれが近代になってからは、人間自身が生み出した文化的知識にとって代わられるようになりました。それとともに学校という特別な場をつくるようになりました。それは生きるための知識が、生活の活動の中に埋め込まれたものというよりも、言葉やマニュアルで表現されるものになり、体系化されたものとして表現できるからです。逆に言えば、日常生活とはいったん切り離された、見ただけではどんな知識を使っているかわからない、だから見様見真似では学びにくく、誰かから説明や指導をしてもらわないと習得の困難な知識によって、社会が出来上がってきてしまいました。使いこなせれば便利だがどう使ったらいいかわかりにくい複雑な機械の仕組み、その機械を使いこなすための作業手順、それが生み出す生産物をお金に換える仕組み、それらが社会の中で動き回るときのさまざまなお作法、どれも狩猟採集社会や、地域に根差した農業牧畜の社会にはなかったものでした。

だから学校が必要になったのです。これは歴史的必然です。かくしていまの私たちも、子どものときから家を離れ、学校で過ごすことが求められるようになったというわけです。

すばらしき学校生活

学校がこのようなところですから、基本的に家では経験できないようなたくさんの経験のメニューが子どもたちのために用意されています。それは考えようによっては、ディズニーランドやユニバーサル・スタジオ・ジャパンやキッザニアの比ではないほど、豊かな世界ともいえるでしょう。ただし、テストさえなければ。

テストは、そのための勉強に集中することで、確かに経験したことを意識的に記憶にとどめるには役立ちます。ちょっと興味のもてないことでも、テストに出ると言われれば、何とかして理解できる糸口を探そうとして、それがきっかけとなって、自分の興味対象になるかもしれません。しかしそれ以外の点で、テストの存在は百害あって一利もなしだと、私は考えています。

しかしこれを言うことが、ただの気休めにすぎないことも、読者の多くは感じていることでしょう。それはその通りです。なにしろ、テストの点が良ければ「良い」学校に進学でき、「良い」就職に結びつきます。逆に成績が悪くて落第してしまったり、大学に進めないと、その学歴だけで、よほど別のところで才能を発揮しない限り、社会的には不利になります。学歴で手に入れた知識がどれだけうわべだけのものだったとしても、世間はまず学歴を見て人を評価しようとします。ですから、学歴とそれに結びつくテストの成績が、学んだ知識それ自体の実質的価値とは別の意味で、人生でもっとも重大な教育上の関心事となります。

テストの成績や学歴はお金に似ています。ただの紙切れにすぎないお札には、それ自体なんの価値もありません。なんちゃらペイにいたっては、スマホの画面上のただの数字にすぎません。にもかかわらずそれらは、生きるために必要な食べ物や服や住まい、生活を豊かにしてくれるさまざまなモノや経験を手に入れるための手段になります。実質的に大事なのは、お金で手に入れたものをどのような目的で使うかのはずですが、いつのまにか手段と目的が入れかわり、お金をできるだけたくさん手に入れることが目的になりがちです。

同じようにテストの得点や学歴それ自体は何の価値もなく、大事なのは学校でどんな知識を学び、生きるために役立てるかのはずですが、いつのまにか良い学業成績や高い学歴それ自体が目的になってしまいます。お金はたくさんあればあるほど幸せと考えるのと同じように、テストの点数や学歴は高ければ高いほど良いという発想に陥りがちです。

このように学校教育の実質的側面と形式的側面の区別はきちんと意識しておきましょう。人によっては学歴こそが実質で、そこで本当に何を学んだかなんて形式的なものと考えるかもしれません。どちらでもよいのですが、この区別は大切です。ただこれを強調しすぎると、ただの学校批判、現実逃避といわれるのがオチなので、ほどほどにしておきましょう。

この章では、4組のふたごを手掛かりに、遺伝的条件が全く同じ一卵性双生児のきょうだいが、いまの学校教育の中でどのような経験を経て社会人になり、社会人となってからも経験を積み重ねていく、その過程を垣間見ることによって、遺伝と環境がどう絡まりあって人生を紡いでいくのかを考えてみたいと思います。

ここでご紹介する4組の一卵性双生児のきょうだいには、私がそれぞれ別々にそのライフヒストリーを語っていただくためのインタビューを行いました。先にも言いましたが、そのとき私がどんな質問をしたか、それにどう答えたかは、二人のインタビューが終わるまで、きょうだいでお互いに知らせることのないように約束していただきました。またここでの語りは、あくまでも本人が認識する自分の人生であり、仮に思い違いや事実とは違うことがあったとしても、ことば通りを尊重して紹介します。

このライフヒストリーからは、遺伝的素質がともすれば圧倒的多数の人々の関心事になりがちな学歴やテストの成績といった教育の形式的側面よりも、教育の実質的側面、つまりその人の人生を紡ぐ核となる経験と学習を、学校あるいは学校以外の教育の場を経て、その先の人生とどのようにつなげていくのかを考えることができると思います。

事例2　《高校野球に生きるRさんとDさん》（1976年生まれ、聞き取り時46歳、男性）

はじめに紹介するのは、ともに小学生のころから高校野球に憧れを抱いていた一卵性のきょうだいの話です。二人は野球の強い同じ高校に進学し、高校で野球を教えることを目指して同じ大学のスポーツ関係の学部に進みます。そして同じように、目指していた高校の体育教師となって、インタビュー時には野球部の監督として活躍しています。

■野球との出会い

このきょうだいは、子どものころから同じ部屋で仲良く語りあい、関心を共有しあい、保育園から大学まで同じ学校、同じ学部に進んで、人生の中心である高校野球にかかわる経験も同じできごととして語られます。

Dさん　〇〇くんという方がいて、その子と僕たちきょうだいの三人が、家の前の通りで、車通りもあんまりない、昔ながらの、チョークとかでいろいろ落書きできる道路があって、そことか、近くの公園とかでもしょっちゅう遊んでたんですけど、小学校3年生の冬のときに、もう日曜日遊べないとかって言われて、何かなと思ったら、野球のユニフォームを着て、たぶん野球の練習しに行ったんですよ。それ見て、兄弟二人そろって、○○くんと遊びたいから、同じ野球チームに入るって言って、それで同じ野球チームに入った。だから○○くんがもしもサッカーチームに入ってたら、サッカーやってたと思います。

Rさん これはもうきょうだい一緒だと思うんですけど、道路を挟んで斜め向かいみたいなところに仲のいい幼なじみがいて、小学校の2年か3年生のとき、急に土曜日曜日遊べなくなるって言われて、何でって聞いたら、少年野球入るからって言われたんですよね。それで、え、何それ、遊べなくなっちゃうんだったら一緒のチーム入っちゃえっていう感じで、それで親に野球チーム入りたいって言ったのがきっかけです。

■甲子園への憧れ

そして小学校のとき、二人ともが地元の高校野球チームが活躍する姿を見て、高校野球への憧れを募らせます。

Dさん　甲子園を見て高校野球に憧れてたんですよね。絶対野球続けるんだっていう、甲子園に行くんだっていうのと、あとは小学校5年生のときに、夏の甲子園予選の結果が、新聞に載るじゃないすか。そういうの見たときに、朝7月20日だったんすけど、日にちも覚えてるんすけど、小学校5年生、要するに7月19日の結果が出てたんですけど、江戸川高校が、結局僕らの母校になるんですけど、地元なわけですね。地元の江戸川高校が早稲田実業に初戦で勝ったっていうふうに、もう大金星ですよね。それが記事になってて、雨の中、泥んこになりながらホームに最後、サヨナラのホームベースにヘッドスライディングしてる江戸川高校の「泥んこのヒーロー」って出てますけど、それ見てかっこいいなと思って。しかも自分の住んでる江戸川区の、「江戸川」っていう学校名だったので、学力とか全く知らない、どんな学校かも知らないのに、そのときに、もう江戸川高校で野球やるんだって親に言って、なんか笑ってましたけど。それで次の年も江戸川高校と早稲田実業がまた夏の大会対戦で当たることになって、これ応援行ったんですよね、二人して。それで江戸川高校、負けちゃったんですけど、それで悔しいなと思って、自分たちが絶対に、江戸川高校で早稲田実業倒すんだって言って、それでその後も野球続けて……。

Rさん 最初のきっかけは、その友達と野球やるんだっていうのだったんですけど、その後覚えてるのは、その時期に、夏休みに高校野球をテレビで見たんですね。甲子園。で、ちょうど始めたころに、おそらく桑田《くわた》・清原《きよはら》のPL学園が強かった。で、うっすら覚えてるのは、桑田・清原が2年生のときに、茨城の取手《とりで》二高校（著者注：正式には「取手第二高等学校」）というところが優勝するんですけど、実はそこで負けるんですよね、PLが。こんな強いチームも茨城の県立高校に負けちゃうんだみたいなのはうっすら覚えてて、それではまったんですね、高校野球に。そこからもう本当にオタク、オタクです。高校野球オタクです。小遣い貯めて雑誌を買うし、5年生ぐらいは本当に毎月のように、本屋に並んでる高校野球の雑誌を全部買いたいぐらいの。いまでもたぶん、弟は大事に保管してるはずですね。で、本当にどこで高校野球やるかも、小学校のうちから決めていて。小学校5年生のときに、地元の江戸川高校が、早稲田実業に勝つんですよ。それが新聞にデカデカと載って、それで地元の高校でこんな強い高校があるんだっていうのが、すごく好きで、小学校5年でもう江戸川高校で野球やるんだって心に決めるんですよ、二人で。それで、次の年の夏の甲子園に、監督にお願いして、神宮球場に見に行くんですよね。また江戸川高校と早稲田実業が2、3回戦で当たるんですよね。それをもう居ても立ってもいられず母親にお願いして連れてってもらって。で、惜しくも負けちゃうんですけど、接戦で、やっぱり強いんだってなるんですよね。でも憧れが膨らみすぎて、もうそこから江戸川高校しか行かないっていうんで。それで本当にその辺で高校野球も本当オタクのように好きになり、自分たちがやる学校も決まり、中学校のときは、本当にもうそういう目標に向かってただひたすら野球やってるみたいな、そんな感じだったんですね。

■中学時代の監督の存在

このように高校野球への熱い思いが、記憶の細かいところまで鮮明に語られる様子が共通しています。さらに中学の野球部の監督が、二人の野球と野球指導への夢に火をともすようになります。

Dさん　中学校の野球部がすごい楽しくて、部員も多くて、みんな仲良かったんですよね。監督の先生が若くて熱心で、その先生を見て先生がいいと思った同級生とか、たくさんいるんですよ。僕もその先生の影響をかなり受けてるんですけど、授業のスタイルとか、何か生徒への接し方とか怒り方とか。ただその先生を見て先生になろうって思ったわけではないんですけど、野球に熱心な先生がいるから、その先生のもとでやってやりたいと思って、中学校にそのまま進んだっていうのもあるので。

Rさん　中学生のときに入った野球部の先生が、根性ではなく、ちゃんと楽しさを指導してくれてたんですよ。一切手も上げられない、暴力や体罰なんかなかったですし、生徒指導ちゃんとしてくれたんですけど、野球に関しては本当に楽しくて、理不尽なことも全くなかったので、楽しい楽しいで高校野球入っていくわけなんですけど、その憧れ続けた江戸川高校に入ったら、もう理不尽の連続だったんですよ。そこで何かちょっと、あれっ、スポーツって楽しいだけじゃないんだっていうのを感じて。高校のときも一生懸命やってましたけど、つらい思い出の方が多くて、でもそのときに、自分がその教える側だったらこうするんだけどなっていうことが増えたんですよね。指導者になりたいなって思ったのもそのころで、中学校の先生に憧れて野球のコーチになろうって。

かくして二人とも都立江戸川高校を唯一の志望校として、そのためだけに勉強を一生懸命頑張って進学します。ところがDさんは入学の直前、体を壊してドクターストップがかかるという悲劇に見舞われてしまいます。しかしそれでも野球部への入部を認めてもらい、運動量の少ないブルペンキャッチャーとして、最低限の練習に参加します。体調が曲りなりにも回復して、医者から野球をやる許可が出たのは高校2年の夏でした。その間、無理解な級友にいやな思いをしたこともあったそうですが、復活し「**高校3年生のときは、僕、なんだかんだでエースピッチャーになってしまったんですよ**」と、ブランクを克服する成長をみせます。

■挫折を経て体育教師を天職に

こうして二人は高校野球のコーチになる道に進むため、野球そのものは必ずしも強くないものの、実力に見合った、そして教職教養が学べる順天堂大学スポーツ健康科学部に進学します。ここでも野球部に入るのですが、実はもっとも打ち込んでいた思い出は寮生活だったそうです。それぞれ別々の寮の建物に住み、2年生にはともにそれぞれの建物で室長に選ばれ、そしてその活発な賑わいで順天堂大学の名物ともいえる「寮祭」を率いて学生生活を謳歌します。

そして二人は念願の都立高校の体育の教師として、別々の高校に赴任します。都立高校の一般的規定で数年単位で異動がありますので、Rさんは4校、Dさんは5校、性格の異なるいろいろな状況の高校に赴任するのですが、それぞれの学校で野球部づくりに奮闘します。

Rさんの最初の高校には軟式野球部しかなかったので硬式野球部を立ち上げ、**「熱血教師だけど若干空回りしていた」**そうです。

二つ目の高校は野球部のない定時制で、中学のとき学校にも行けなかった子、運動などしたことのない子に軟式野球に目覚めさせ、やがて都の大会にも出場、試合に負けて解散することに生徒たちが泣きだすほどまでに育て上げます。

三つ目の高校で母校に戻ったのですが、これまで野球部のないところで野球部を立ち上げるようなことをしていたのとは逆に、はじめから野球をやりたいという子が集まっていて「**野球のレベルが全く違った。野球がある程度うまい子たちをさらに勝てるようにするっていうノウハウが欠如してた**」ことに気づかされ、「**最初4年間ぐらい本当に苦しい思い出しかな**」かったそうです。しかしやがて「**手とり足とり教えるんじゃないんだなっていうのがわか**」り「**生徒たちだけでできるようにしていこうみたいな気持ちになった**」、そして「**高校の後半、本当に残り2年ぐらいで、うん。変わったんすよ。やり方を変えたんですよね**」と大きく自己変革し、成長した様子が語られます。

四つ目の高校も運動の盛んな学校（これは最後に紹介する女性のふたごの一方が進学した、チアリーディングも活発な雪谷《ゆきがや》高校です）で、そこではこれまでの経験を生かして「**教えすぎない**」ようにした結果、「**3年間ぐらいサインを出したことがなかった**」「**生徒も面白いって言ってくれてました**」と生徒との間に適切で良好な関係を保って指導する教師として活躍するようになった様子が語られます。

Dさんが最初に赴任した高校は伝統校でしたが部活動よりも授業と体育祭行事を重視する学校だったため、野球部の活動ばかりやるんじゃないとストップがかけられるような雰囲気でした。野球部の顧問も5人いて、「**自分も若かったので、指導方針がぶれぶれっていうか、なんか定まってない状態**」だったと回想しています。

2校目は高校時代の女性の先輩が野球部の監督をしている商業高校で、ここでも複数で指導するときの人間関係のあり方に苦労をします。

3校目はRさんと同じく母校の、しかし全日制ではなく定時制に赴任します。ここでは**「教員の集団が本当ひどくて、教員やめたいよっていうのを泣きながら（Rさんに）電話した」**くらいだったそうです。校舎にはたばこの吸い殻がそのまま捨てられているような環境でした。しかしそこでDさんは、その劣悪な環境に対抗するように**「吸い殻を拾っていた1年間」**を過ごし、耐え切れずに異動を希望します。

そして赴任したのが新設の中高一貫の区立高校でした。そこでは新設するにあたって、教育委員会が熱意のある教員を集めていたときに、Dさんがその一人として選ばれたようです。そこには個性的な先生が集まっていて、その先生たちと接する中で**「教師としてやって生きていくんだっていうそれ（自覚）が出来上がった。いろんな先生の、すごい一生懸命な同僚たちの影響も受けました」**と語られます。

そして5校目で**「ふつうの下町の、勉強は苦手な子が入ってくる、中学時代は勉強もできないんだけど、手もかからないから、先生方からスルーされてきた子たち、ちょっと声かけるとすごい嬉しそうにする、下町の野球小僧たち、闘争心しかありませんみたいな子**

図4-2　高校野球に導かれたふたご（RさんとDさん）の半生

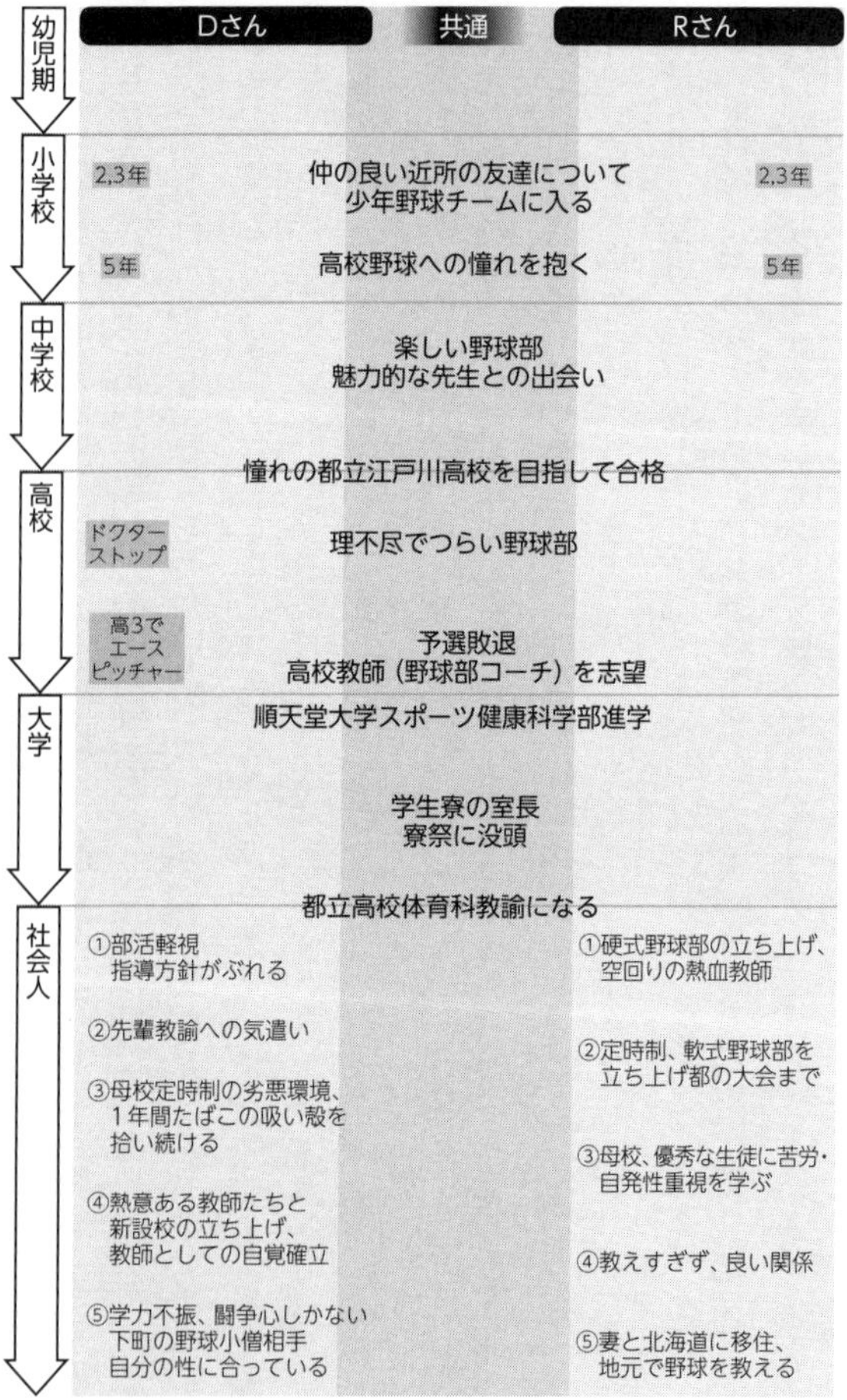

Dさん
共通
Rさん
幼児期
小学校
2,3年
仲の良い近所の友達について
少年野球チームに入る
2,3年
5年
高校野球への憧れを抱く
5年
中学校
楽しい野球部
魅力的な先生との出会い
憧れの都立江戸川高校を目指して合格
高校
ドクターストップ
理不尽でつらい野球部
高3でエースピッチャー
予選敗退
高校教師（野球部コーチ）を志望
大学
順天堂大学スポーツ健康科学部進学
学生寮の室長
寮祭に没頭
都立高校体育科教諭になる
社会人
①部活軽視
指導方針がぶれる
②先輩教諭への気遣い
③母校定時制の劣悪環境、
1年間たばこの吸い殻を
拾い続ける
④熱意ある教師たちと
新設校の立ち上げ、
教師としての自覚確立
⑤学力不振、闘争心しかない
下町の野球小僧相手
自分の性に合っている
①硬式野球部の立ち上げ、
空回りの熱血教師
②定時制、軟式野球部を
立ち上げ都の大会まで
③母校、優秀な生徒に苦労・
自発性重視を学ぶ
④教えすぎず、良い関係
⑤妻と北海道に移住、
地元で野球を教える

たち」のいる高校に、東京都からお前が行って立て直せと言われて赴任します。そしてそこを**「僕の性には合ってる」**と感じながら、野球部の顧問として務めています。

■あまりにも似た足跡

Rさん、Dさんのきょうだいの話は、同じ環境で一緒に仲良く育った一卵性双生児が、環境を同じように経験し、同じ夢を描き、同じ職業について、異なる職場環境に奮闘しながら適応し、自分の野球を通した教育者能力を発揮して、同じように成長してゆくという、一卵性の見本のような事例となっています。

彼らの人生を貫いている高校野球は、そのきっかけこそ近所の友達に導かれた偶然だったと語られますが、それをきっかけに出会った中学のときの先生の影響を巻き込んで、選手としてではなく教師としてずっとそれにかかわって生きていきたいと決意するほどの強いものとなって、それぞれの人生を導いていきます。

途中、体を壊したり、必ずしも良い職場環境とはいえないところを経験しながらも、そこで自らの立ち位置をしっかり確立して、教師として着実に成長してゆくさまが非常によく似ていると感じられます。

しかしどの一卵性双生児もこのように、まさにうり二つの経験をするわけではありません。これから紹介する事例は、根底で同じ遺伝的素材をもちながら、微妙な違いをあらわし、しかもライバルとしての葛藤も抱きながら、しかし結果的にはよく似た人生経路を歩んでいることが見て取れると思われます。

事例3　《SEとして活躍するHさんとTさん》（1981年生まれ、聞き取り時41歳、男性）

■乳幼児期の記憶と他者とのかかわり

こちらのふたごは、自分の人生の最初の記憶について尋ねたところ、生まれてすぐ、お湯につかった記憶が双方から似たように語られます。

Hさん　私はへその緒を切るところから覚えてます。つながってて、看護師さんが出べそにならないようにしてあげるねって声かけられたんですね。出べそってなんだかわかんなかったんだけど、痛くないって言われたんで痛くないのかなと思って切られたら、すごい痛かったんですよ。痛くて、すごい痛かったじゃないかって思って。思い出ありますね。（中略）最初に、産湯っていうんですか、お風呂に入れるときも、父親の実家の洗面所で入れてもらったりとか。お風呂って言ってもね、お湯でね、その洗面台のところで洗ってもらったのはちょっと気持ちいいなとか、そういう感じですよね。だから結構感覚は、全然覚えてますね。

Tさん　生まれて3カ月の間で、キッチン、台所のシンクで沐浴をしたんですけども、その沐浴をしたときの様子を覚えていますね。持ち方が上手な人と上手じゃない人がいて、自分を持ち上げてる。上手なときはちょっと大丈夫だけども、そうじゃないときは泣いてしまったような気がするっていう感じなんですけども。

保育園を一度変わり、二園目の方針が自由放任だったことで、初日に当惑した思い出も同じように語られます。

――Hさん　最初に通った保育園は本当に部屋の一室でしたから、今度はもうちょっと大きいところに来たなと思ったんですね。しかも知らない人もたくさんいて、違う学年の子たちもいたので、少しびっくりした記憶があります。Tだけが一緒に知ってる人だったんだけど、Tは自分で遊び始めちゃってて、僕だけ取り残されちゃった。なんでそんなにみんな遊べるんだろうって思って、別に知らない人ばっかりだったんで、どうしたらいいのか、遊んでくださいって言ってもね、何していいのやらって感じでした。友達ができて以降、知り合いもできて、一緒に遊べるようになったって感じなんですけども、初日はそういうふうにちょっと戸惑うというか、どういきなり遊べって言われても遊べないなっていう思いがあったりとかね。

ここでHさんは友達ができたと語っていますが、そこにTさんとの微妙な、しかしこの二人の違いを特徴づける自己像がこれから語られてゆきます。

Tさん　やっぱり何も新しすぎる環境で、覚えてなくて、頼りにしていた母も帰っちゃうし。隣には同じぐらいの年代の男の子とHが、三人だったんですよね。で、先生が一人いて、あんまり何もしないもんだから、なんかおもちゃ箱みたいなのを先生がひっくり返して、遊べって言ったんですけど、やっぱり何から手をつけていいか本当にわからなくて、けっこう能動的に何かしなきゃいけない時間がずっと過ぎて、でも何もしないし、だいぶしばらくしてから、でも体感的には10分ぐらいだったかもしれませんけども、新幹線のパーツの先頭部分があって、その新幹線のパーツを取ってこれでちょっと何かしてみようかなと思ったら、ほかの周りの男の子もちょっと何か触ってみようかみたいなことを覚えてますね。

このようにほかの子どもも自分の遊びにかかわってくるのですが、このころから基本的には人間にあまり興味をもてなかったようです。

■5歳で見つけた退屈の紛らわし方

ちなみにTさんは子どもとは思えない次のような経験をした話が印象的です。

Tさん　（その保育園でやっていたことは）基本は放置ですよね。退屈なんですよ。共通の感覚だったと思います。僕だけではなくて、Hも近くの何々くんとかみんな退屈。変化がないから。あるとき、父親がこれを卒業したら、小学校行って6年間で、そのあと中学校が3年間で、その後に高校が3年間で、その後もしかしたら大学は4年間だっていうふうなことを言われて、いまの退屈さっていうのが、1年か2年ぐらい続いたにもかかわらず、この先、延々このような退屈さを感じなければいけないのかっていうことに、その当時の自分はとても絶望して、たぶん自転車に乗ったお父さんの後部座席から「自殺をしたい」っていうふうな話をしましたね。すごく驚いて、何でなんだっていう話を、自転車を止めてはいたんですけど、僕のこの退屈さには我慢できないみたいなことを、やっぱりうまく伝えられなくて。お父さんは、その自分が何を言っているかもわからなかったんじゃないか、本当にそのつもりなのかは、わからなかったんだと思うんですけども、それぐらいその退屈さっていうのがつらかった。すごく強い気持ちとして覚えていたんですけど、その結果ですね、その退屈さが一定以上続いた結果ですね、自分で何か面白いことを考えると、それは尽きないっていうことを考えるようになりました。その退屈さっていうのを紛らわすのに、その自分で○○をしてみる、今度は次は○○をしてみる、みたいなことをしたときに、飽きない。やってみたら次をもっとやってみればいいというのも、5歳か6歳ぐらいのときに、発見したっていう感じですね。

Tさんは「小学校2年のときになって、僕があんまりほかの生徒さんと会話をしなかったっていうことから、あのあだ名がゴリラっていう名前になってですね、笑わない、表情変わらないっていう意味だったと思うんですけど。（中略）あんまり周りの生徒さんとか人間に興味がなかった。それ結構大きいんじゃないかと思います。Hは多分もっとほかの人間に興味があったと思うんですよ。僕の方はもっと物みたいなものに興味があって、人間に興味がなかった」と自分のことを語っています。そしてブロックを使ってものをつくる遊びを工夫して、どんどんと空想の世界を広げていきます。

■祖母がくれた本からファンタジーの世界へ

小学生のころのTさんに、親はピアノの先生をつけましたが好きになれなかったそうです。また、Hさんが野球教室に入ったので、Tさんも一緒についていった（たいがいはHさんが先導し、自分がそれについていくという場合が多かったと認識しています）のですが、これも好きになれずやめたくてしょうがなかったと語っています。人に挨拶をする必要性を感じていなかったため、しなかったら叱られたそうです。

そして、おばさんが買ってきてくれた錯視やトリックアート、クイズやなぞなぞの本を繰り返し読んでいました。もっと読めるようになると『魔神英雄伝ワタル』というアニメを小説化した本にはまったのですが、それは主人公が塾に行っていないという設定に**「僕も塾に行ってないけど勉強できるぞ」**と共感したからだそうです。これは学力上位にいる子どもなら小学校・中学校のころまでは多くの人が持つ経験だと思われますが、勉強はしなくてもできると思っていました。ただ小学校4年生のときにHさんが近所の個人塾に行くというので、一緒についていきました。

Tさん　それは結果的にHが勝手に行き始めたのに僕がついていった中では、最もいい選択になったと思います。僕はたぶん自分では決して行こうとは思わなかった。なんですけども、行ってみた結果、メキメキと力がついて、Hよりかはちょっと成績が良かったみたいです。

Tさんはそのまま一人で遊ぶことを覚えます。それがJ・R・R・トールキンの『指輪物語』のようなファンタジーの世界に入りこむことでした。小学生のときにすでにJ・R・R・トールキン原作の『ロード・オブ・ザ・リング』の英語版アニメーションでこの物語に触れるようになります。

中学高校はふたごの中等学校として有名な東京大学教育学部附属中等学校・高等学校（2000年に「東京大学教育学部附属中等教育学校」に移行）に二人そろって進学します。そしてテーブルトーク・ロールプレイングゲーム（RPG）の作り手として、その後大学まで続く「精神活動の中心」となっていたと語っています。人にあまり興味がないと語るTさんでしたが、RPGでは、一緒に遊ぶ友達を退屈させないようにという社会的配慮も見せるようになっていたようです。高校では天文部に入りますが、天文自体に関心があったわけではなく、それもRPGを自由にできる環境だったからでした。

■理科教師の母親とサイエンスへの関心

一方進路に関する面で見ますと、ここには学校が与えてくれた学習環境と、母親の影響が反映されていることが見て取れます。母親が理科の教師だった関係で、二人ともサイエンスの世界には自然に触れていました。また高校のときに東京大学大気海洋研究所（本人談に基づくが、正確には、2010年に同大海洋研究所と同大気候システム研究センターが統合して発足）の先生の話を聞く機会を学校がつくってくれたとき、環境ホルモンに関心をもち、ICU（国際基督教《キリストきょう》大学）に進みます。Tさんは高校のときには、はじめ成績が振るわなかったそうですが、自分の成績を知ってから、特に英語力を伸ばして、教養学部理学科に現役合格。そして大学院は東大に進んで博士号を取得、海外留学もしますが、その過程で研究には向かないことを悟り、これまでとは異なるe-learningの通信制高校でシステムや教材をつくる仕事に従事して、いまに至ります。

Hさんにおいては音楽に対する関心が一貫して語られます。ピアノを好きになれなかったTさんとは異なり、Hさんは保育園時代に合奏でトライアングルをたたいたことや、小学校が統合されたときに永六輔《えいろくすけ》さんが作詞作曲した新しい校歌の思い出が、子ども向けにつくられた曲に不満を感じたこととして語られます。また音楽の先生が作った合唱部でコンクールに出た思い出も印象深かったようです。

小学校の合唱部にはTさんも一緒に属していたはずですが、Tさんからは合唱の思い出は語られませんでした（しかしこの原稿をあとから読んだTさんは、自分も同じように感じたと教えてくれました）。

Hさんは東大附属中高で管弦楽部に所属し、フルートに熱心に取り組みます。クラシックだけでなく、自分たちでジャズバンドを結成し、10人くらいの仲間と忙しく過ごしました。成績は中1のころは良かったそうですが、クラブに熱中するあまり、順位が下がっていったそうです。やればできると思っていたけれども、わざわざ85点を100点にするよりは、フルートを一生懸命やろう。一方でメディア部を自分で立ち上げ、パソコンゲームやボードゲームをつくるようなこともしていたそうです。中学から駿台《すんだい》予備学校に6年通っていましたが、大学受験は一度失敗、一浪してTさんと同大学同学部に進学します。

Hさんもまた科学への関心があり、こちらは写真の修整の仕事をしていたお父様がもっていた初期のパソコンに興味を示し、プログラミングに触れ始めます。そして高校に来ていた計算機学の先生から、たとえばアルゴリズムの違いが結果の違いを生むこと、円周率の算出でアメリカとロシアが競っていることなど、かなり専門的な話を聞かされて触発されて、ICUでは情報科学で人工知能の研究をしました。東京工業大学の大学院に進んで修士号を取った後、IBMの関連会社に就職して、ネットバンキングのプログラミングの仕事などに従事します。

図4-3　知的関心のおもむくまま、いまSEのふたご（TさんとHさん）の半生

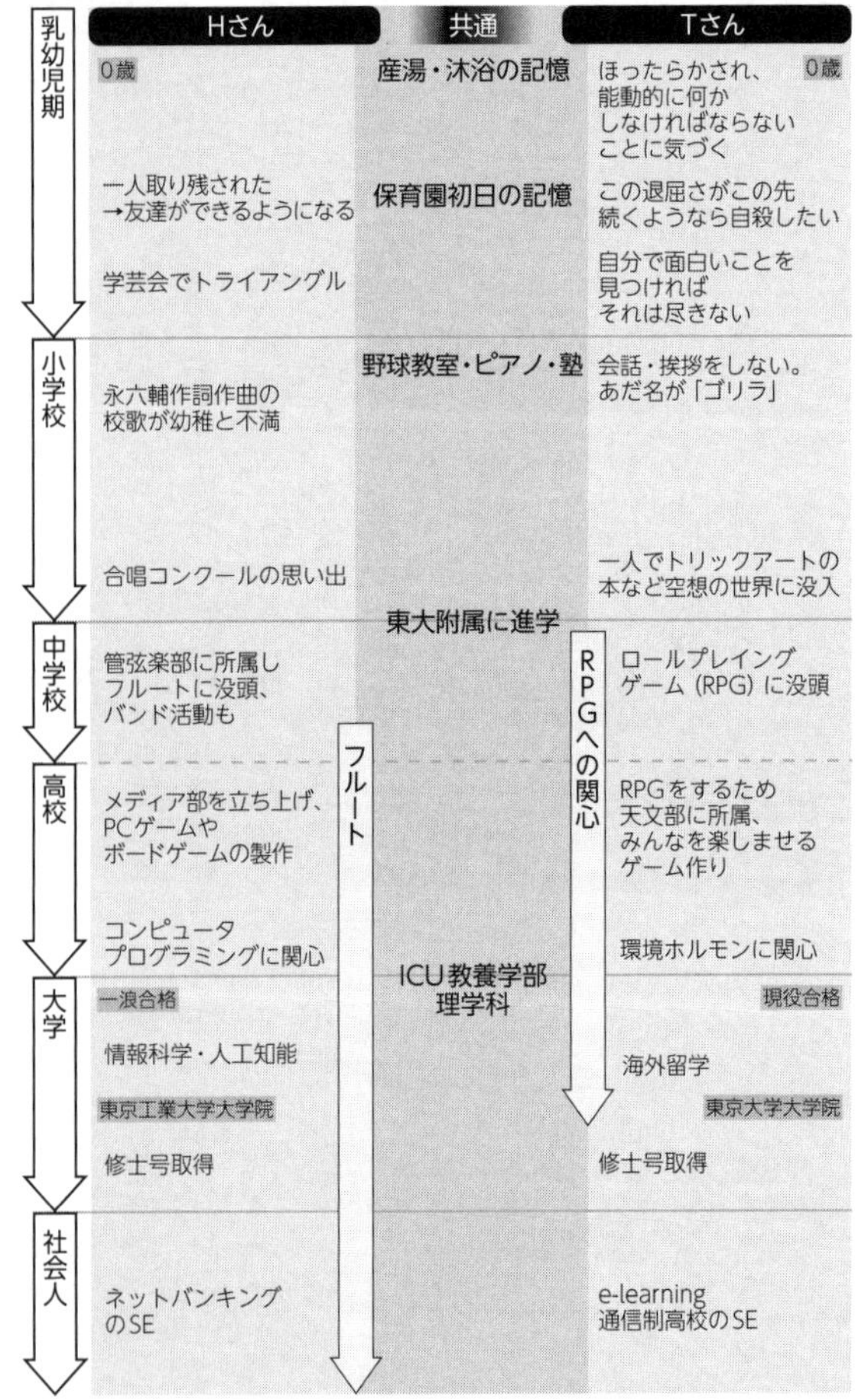
乳幼児期
小学校
中学校
高校
大学
社会人
Hさん
共通
Tさん
0歳
産湯・沐浴の記憶
ほったらかされ、
能動的に何か
しなければならない
ことに気づく
0歳
一人取り残された
→友達ができるようになる
保育園初日の記憶
この退屈さがこの先
続くようなら自殺したい
学芸会でトライアングル
自分で面白いことを
見つければ
それは尽きない
野球教室・ピアノ・塾
会話・挨拶をしない。
あだ名が「ゴリラ」
永六輔作詞作曲の
校歌が幼稚と不満
合唱コンクールの思い出
一人でトリックアートの
本など空想の世界に没入
東大附属に進学
管弦楽部に所属し
フルートに没頭、
バンド活動も
RPGへの関心
ロールプレイング
ゲーム（RPG）に没頭
フルート
メディア部を立ち上げ、
PCゲームや
ボードゲームの製作
RPGをするため
天文部に所属、
みんなを楽しませる
ゲーム作り
コンピュータ
プログラミングに関心
環境ホルモンに関心
ICU教養学部
理学科
一浪合格
現役合格
情報科学・人工知能
海外留学
東京工業大学大学院
東京大学大学院
修士号取得
修士号取得
ネットバンキング
のSE
e-learning
通信制高校のSE

■共通点は学校での刺激と将来とのつながり

この二人の話は、これまでの写真や野球に関心をもった、いかにも一卵性らしいそっくりな話とは対照的に、少なくとも表面的にはHさんは外向的で友達の中で中心的に活躍するのに対して、Tさんは一人ですることに没頭するという話が続きます。しかしそれでも興味が多方面に展開すること、なぜかRPGに夢中になること（これは次に紹介する建築家になったふたごの話とも共通しますが）、そして何よりも学校での経験がその後のサイエンスの方向での人生経路に結びついているという点で、類似性を見出すことができる、興味深い事例と言えます。

事例4　《建築家となったSさんとYさん》（1990年生まれ、聞き取り時32歳、男性）

この二人も、一卵性のきょうだいとして、非常に類似した関心の持ち方とそれに即した人生経路を歩んでいるとともに、その一部がこの前に紹介したTさん・Hさんきょうだいと類似しているところが注目に値します。つまりどちらも思春期に同じふたご枠のある東京大学教育学部附属中等教育学校に所属し、なぜかやはりRPGに没頭、1年のずれで同大学同学部同学科の異なる専攻に進みます。ですので、二人の比較とともに、事例3としてご紹介したTさん・Hさんきょうだいとも比較しながら考えてみたいと思います。

■絵を描くのが好きだった

二人の幼少のころの思い出は、ともにずっと二人でいた記憶から始まります。

Sさん　幼稚園か、もうちょっと前かぐらいだとは思います。子どものころは本当にずっと二人でいましたから、ちょっと一人の経験じゃなくなっちゃうんですけど、一緒に寝てたんですよね、同じ部屋で。夜、電気消されて、親は起きてますから、僕らはなんかこう喋ってたりすると、早く寝ろって言われちゃうんで、ぼそぼそした状態で、ずっと喋ったりしてる。結構長くやってたんですよね、それを。しばらくしたら、ちょっと手とかを使って、人形遊びみたいな感じで、ストーリーとかをつくってみたり……。

Yさん　ずっと弟のSと一緒にいたってところ覚えていて、特に記憶に残ってるのは、なんかずっと、紙じゃないんですけど、白黒の、ペンで書くとその部分が黒くなるようなモニターみたいなのに、二人ともずっと黙々と絵を描いていた記憶はありますね。一緒になのか、一緒の場所で別々に何かするのかちょっとわかんないんですけど、そういう記憶がやっぱりあります、一人の記憶ってあんまりないですね。

Sさんはストーリーづくりをした思い出として、Yさんは絵を描いた思い出としてと、ちょっと違うのですが、一人でいた記憶がないほど、二人でずっと一緒だったという思い出が共通しています。これは前のHさんTさんきょうだいと違うところです。

この二人は絵を描くことに夢中になるという点で共通し、それがのちに建築に進むことつながっていくと思われます。Sさんは「**ちょっと僕の記憶じゃないですけど、そのとき親の言い分だと、子どものころからずっと絵を描いていて、水族館とかに行っても、早く描きたいと言って帰りたがる。とにかくすごい絵をずっと描いてるから、もうしょうがない、絵画教室とかに行ってもらうかということで**」、近所の美大出身の主婦が開いていた絵画教室に通い始めました。最初にピカソの絵のような表と裏を同時に描いてあるような絵を描いたそうですが、絵画技法の正式な指導を受けるわけでもなく、そのまま大学に入るまでほとんど独学のように絵を描き続けます。「その絵画教室、ちゃんと透視法とか教えてくれなくて、好きなように描かせる教室だったんです。大学に入ったら、建築学科だったんで、絵がうまい人、たくさんいるわけですよ。そこで僕、我流だったんだっていうことがわかった」。

一方のYさんも同じ絵画教室に通いますが、こちらは油絵の後始末がめんどくさいというような理由で、中学に入ってからやめてしまいました。しかし絵に対する関心は同じように強く、小学校に上がる前から、ゴッホ、ゴーギャン、セザンヌなどの画集を好んで見て、せがんで買ってもらったりもする子どもでした。

■自作ゲームにはまった小学校時代

小学校に上がると、どちらも給食の牛乳瓶のふたを使ったカードゲームを製作し、それぞれに別々のクラスで広めます。Yさんはやがて市販されたカードゲームより自分で絵を描いた方がきれいだと、紙を切って自作ゲームをつくります。またPCでRPGも手掛けるようになります。一方のSさんも、さまざまなキャラクターの絵を描き分けて、クラス中を巻き込み、子どもたちが外で遊ばなくなるのでやめろと先生に言わしめるほど、クラスで流行らせてしまったそうです。

中学は、先に紹介したSEとなったTさんHさんと同じく、ふたご学校で有名な東大附属中等教育学校に進学し、高校のときに、二人とも天文部に入ります。これは同じく東大附属で天文部に所属し、同じくRPGに熱中して、同じように科学に関心をもっていたTさんと酷似しています。これは遺伝的には全く異なる人間が、その部分だけは偶然にも同じ点を通過しながら、そこを分岐点として別々の経路に別れてゆく興味深い事例といえるでしょう。Sさんは中学で一度悪い成績をとって奮起し、優等生となります。

■建築の道へ

Sさんは母親から勧められて早稲田大学理工学部（現「創造理工学部」）建築学科に現役合格。Yさんも同じく父の影響を受けて早稲田に行きたいと思うのですが、不合格で中央大学に進み、仮面浪人をして、1年遅れで受験し直しSさんと同じ学部学科に進みます。

早稲田大学の建築学科は実力が問われ200人中上位10人しか評価されないところでした。Sさんは成績上位で2年生までは意匠建築家を目指していましたが、そのあと方向転換をして、都市計画へ進みます。Yさんは逆に後半になって成績が上がりました。優秀だ

図4-4　建築家になったふたご（YさんとSさん）の半生

	Sさん	共通	Yさん
幼児期	二人で夜ずっと ストーリーづくり 絵を描くのが好きで、 水族館に行っても 絵を描きたいと言って 家に帰ってきてしまう	ずっと二人で一緒 絵を描くことに夢中 絵画教室に通う	二人で白黒のモニターに 黙々と絵を描いていた セザンヌ・ゴーギャン などの画集をせがむ
小学校	自作の絵のカードゲームを クラスで流行らせ、 学校から注意される	牛乳瓶のふたに絵を描いて カードゲームを クラスに広める	自分のカードゲーム、 PCでロールプレイング ゲーム作り
中学校	勉強せず中学で一度 悪い成績をとってから 奮起、成績優秀に	東大附属に進学	絵画教室は めんどうくさくてやめる
高校		天文部に入る 両親の影響で 早稲田大学理工学部 建築学科を志望	
大学	早稲田大学に現役合格 ２年生まで建築家を 目指していたが方向転換		早稲田大学を落ち、 中央大学理工学部へ進学 １年遅れて 早稲田大学入学 Sを意識して 頑張り、成績を上げる
大学院（修士課程）	都市計画	大学院へ進む	建築デザイン
その後	博士課程 大学准教授 社会人		社会人 有名な建築事務所
	哲学的に考えながら、社会環境まで含む建築設計の仕事に従事		

ったSさんを意識して、それ以上のものになろうとしたようです。その結果、大学院では難しいデザインの専攻に進むことができました。
二人とも建築の哲学にも関心を持ち、Sさんは博士課程を経て大学准教授になり、哲学的論文も書きながら都市計画の仕事を続けています。Yさんは修士を出てから、著名な建築事務所に就職し、活躍をされています。いずれもただ単に建物を造るのではなく、建物をとりまく社会環境まで設計する仕事についているところがとてもよく似ています。

事例5 《踊りに導かれるAkさんとYkさん》（1975年生まれ、聞き取り時47歳、女性）

この二人の子どものころの思い出は、まず第一にしつけと教育に厳しい母親のことでした。

Akさん　親が厳しかったので……礼儀だったりとかご挨拶だったりとか、お掃除ができないといけないですとか、本が読めなきゃいけない、字が書けなきゃいけない、図書館に行くノルマも課されてた記憶があります。テストも100点近く、90点以下なん

か取ったら、絶対家に入れてもらえなかった。

Ｙｋさん　親が死ぬほど怖かったって、それが一番なんですよね。母親がすごい怖いです。めちゃくちゃ怖いです。スーパー怖いんです。きちんと片付けないと、、礼儀作法ですかね。ちゃんとしなきゃ、とにかくちゃんとしなきゃいけない、ちゃんとしなきゃいけないって。

■守ってあげたくなる人柄

この二人の人柄を象徴するできごとと思われるのが、二人ともが小学校のときに、Ａｋさんは同級生の一人から、Ｙｋさんはガラの悪い上級生から、いずれも信頼され、かわいがられ、守ってくれるようなかかわりを自然とつくり上げたという友人関係における経験です。

Ａｋさん　広くたくさんお友達がいたっていうことは正直ないんですけど、そのクラブの中の友達と、すごくみんなと仲良くして遊んでて、特にその少人数の子とは深く遊んだかなっていう印象はありますね。（中略）すごく感動したというのが、こっくりさん（著者注：この遊びを口実にいじめを受けていた）の話なんですけど、「こっくりさん、しかとしてね」って言うじゃないですか。私にその仲の良い友達は、それでも話し続けてくれたんですよね。そしたらみんなが「死んじゃうよ、Ａｋと喋ったら」みたいなこと言ったんですよ。そしたら、すごいなと思うんですけど、６年生で、「私、そういうの信じないし、そういうことがあってＡｋのために死ぬんだったら、別に構わないから」って言ってくれたんですよ。

Ｙｋさん

１年生のときに、すごい変わってるんですけど、６年生のお姉さんとずっと遊んでたんですよ。10人ぐらいの素行の悪い人たち（著者注：小学生にもかかわらず、放課後繁華街に繰り出して、テレクラ〔主に男性客に対して、電話を介して異性と会話するサービスを斡旋する店〕を使って男たちから金を巻き上げるようなことをしていたような「不良少女」の集団だったそうです）と、私、なぜか一緒にいたんです。迎えにくるんで。私、かわいがられてるから。何でかわいがられてるかわからないんです。家が近いお姉さんでもないんですよ。でも私に何かをさせようとか（はなく）、私はただ座ってるだけか、話を聞いてるだけなんですよね。変な言い方だと、素行がとっても私は良いから、何の邪魔もしないから、なんかかわいいよね、みたいな感じで、ただひたすら座っているだけなんです。面白かったです。大人って面白いなあと思って、聞いてるだけです。誰か一人私のことを、守ってくれたから。Ｙｋは私が見とっから、私とここにいようね、あなたたち、ちょっと（客の）男を見にいってって言って。

■バレエ教室と音楽クラブ

二人は小学生のときから一緒にバレエを習っていました。これがこの二人がその後もずっとかかわることになる重要な活動です。二人はまた音楽にも関心を持ち、小学生のころは二人で音楽クラブに入っていました。

Ａｋさんはそこで小太鼓とマリンバを受け持ったそうです。Ａｋさんをこっくりさんを口実にしたいじめから守ってくれたのも、同じ音楽クラブの友達で、とてもピアノが上手な子でした。**「休み時間に（教室のオルガンで）弾くときに、もうすでに両手で『白鳥の湖』を弾いてくれた、あの『四羽の白鳥』のところですね。私、バレエをやってたから、**

『四羽の白鳥』というのはどういうのかわかってたので、いっぱい『弾いて、弾いて』とかってやってたのは、すごい覚えてるんです」。

Akさんはバレエを、中学校に上がるときに一度やめ、テニスに打ち込み、次のように語ります。「テニスはそこそこちゃんとやってたので、弱小の学校ではあったんですけど、ペアの女の子とダブルスで、もうそのときしか喋らない子だったんですけど、テニスではすごい気が合って、最後、区大会6位までいきました」。

しかし踊ることへの関心が途切れていたわけではなく、高校進学では、バレエのできる高校を希望しますが、両親が「大人になったときにどうやって食べていくんだ」と、その夢を認めてくれなかったため、チアリーディングで有名な都立雪谷高校（全く偶然ですが、先に紹介した高校野球のRさんが4番目に赴任した高校でした）に進学し、チアに打ち込むようになります。

チアの活動としてアメリカ大使館で独立記念日のときなどにチアのアルバイトをする機会があり、それをきっかけに大使館で仕事がしたいと思って、大使館職員を多く輩出している専門学校へ進学します。そこは「英語のスパルタ」な学校でしたが、Akさんは中学のときから英語が好きで得意でした。残念ながら、卒業時に大使館の求人がなかったため、英語をバリバリ生かせる仕事をしたいと、外資系の商社に入社し、アカウント経理部に配属されます。ところが、有名な大学出の同期の中では、Ａｋさんは、経理の入力をコンピュータのシステムの中で英語を使う以外は**「学力のない子がやるような仕事を」**させられ、それならバレエをしたいと、小学校のときの音楽クラブの先生の導きで20歳のときに再開。その後40歳まで20年間バレエを続けます。

■内側から「はい上がってくる」感覚

その間にプロのバレエ団のオーディションを受け、そこで「村人１」の役をもらって、一流のバレリーナとの差を見せつけられながらも、商社の仕事と掛け持ちで無給で頑張ろうとします。そして商社を2年でやめて、派遣で外資系の経理の仕事でキャリアを積みながら、バレエの先生の教室で子どもに教えます。**「バレエが好きなので、最終的には教えをやろうと思ったんで、先生も私がそれだけ熱心なので、『子どものクラス見てくれる？』って言われていたので、カンパニー（著者注：バレエ団のこと）の練習しながら、空いてる時間は少しのお給料もらって、先生が持ってる子どもクラスを見てました。それはそれで十分楽しいなと思っていました」**。

この間、次に紹介するふたごのきょうだいのYkさんの主宰するフラ（ダンス）の教室にかかわったりしてきました。そして「**いまは踊ってないです。踊ってないですけど、すごいよく見てます、バレエは。鑑賞の方専門になりました**」。このようにAkさんの人生は、それを本職にするかどうかは別として、いつもバレエとともにあり続けていることが見て取れます。

ここで着目したいのが、このバレエや踊りへの関心がAkさんの音楽と身体への内側からくる感性に支えられているのではないかと思われる、次のような話です。

Akさん　いまでも思うんですけどクラシックの音楽はきっと好きなんだと思います。クラシック音楽を聞いてるだけでも、なんか表情をつくれてやれちゃうっていう気持ちが、はい上がってくるものがあるんですよね、涙出てきてしまうとか、バレエ音楽に限らずです。（中略）音楽の力ってすごいと思いますよ。人をその気にさせてくれる。フィギュアスケートでいうと、キム・ヨナって、ふつうに可《か》愛《わい》くもないんですけど、氷上出た瞬間に、音楽が入った瞬間とか、すべてが、スケート靴履いてるとか関係

なく、人が切り替われる瞬間ってすごいなって思いますね。でもあの気持ちってわかるんですよね。ああなれたときって本当に気持ちいいし、わざとやってないので（中略）（でもそれは）バレエだけですけどね、私、フラやってましたけど、全くですね、フラに関しては全くそういう気にもなれなかったですね、最後まで。やっぱりそこにフラに対するリスペクトだったりとか、理解だったりっていうのが足りないのかなっていう気もします。

■志望校不合格で見失った目標

一方Ｙｋさんは現在、フラのプロとして教室を主宰しています。それまでの流れを同じように簡単に見てゆきましょう。

Ａｋさんと同じようにＹｋさんもお母さんの勧めで家の近くにできたバレエ教室でバレエを始め、中学校3年生まで続けますが、クラシックバレエが好きなのにコンテンポラリーの教室だったのと、教室での人間関係へのストレスもあり、「**自分の感性が動かされたりとか、教室で楽しいっていうことがなかったんです。とにかくもうやりたくないと思って、もうやめちゃいました。中学3年生の受験だっていう理由で**」やめてしまいます。

ここでの志望校がＡｋさんと同じ都立雪谷高校でした。この学校を志望する熱意は、バレエ科のある高校を親に反対されて志望したＡｋさんより強く、むしろＹｋさんの方が積極的でした。そして劇的な挫折を味わいます。

Ｙｋさん 私、公立の雪谷高校ってとこに行きたかった。雪谷に行ってチアリーダーを、スタンツを上げる、あれをやりたかったです。強かったから。何かで学校見学行ったときに、そういうことをいろいろやってくれるんですよね。それがすごいかっこよくって、私はこれをやりたいと思ったんですけど、私があんまり雪谷すごいって、みんなに言いすぎちゃって、じゃあ私も雪谷行こうかなみたいな感じがいっぱい出て、その年でうちの学校だけで三十何人ぐらい受けたんです。私だけ落ちたんですよ。私の最悪な高校生活が始まるんです。

仕方なく進んだ私立の高校では**「夢中になったことってなかった。全然なかったですよね。このとき太っちゃうし、高校はつまらないし。でも仲の良いお友達がいたのは救いだった」**。

自分が良くないと思う先生とはよくぶつかっていたそうです。そして自分の志望校だった雪谷高校でチアを謳歌するＡｋさんを見ながら、もともと中学でテニスを楽しんでいた経験から、民間のテニススクールにも通い始めましたが、高いものを目指すところではなく、すぐやめてしまいます。

■「踊りが下手な友達」というきっかけ

その後、短大に進み、29歳まで、いくつかの有名ブランドの服飾の会社を転職しながら、はじめは販売、その後人事として長く働き、その専門性を買われて勤め続けます。また仕事についてから再び**「そこから、バレエをちょこっと習い始めると同時に、マリンバ始めるんです」**と、Ａｋさんと同じことを始めます。そんな中、短大時代に、Ａｋさんの行っていた雪谷高校での共通のチアの友達がフラをやっていたのを見たのがフラとの出会いのきっかけでした。そのときの印象をこのように語ります。

Ｙｋさん　お友達がフラダンスをやり始めたんです。そのとき、馬鹿にしてたんです。その子は（チアの）踊りは上手じゃないですか。運動神経スーパー抜群で、タンブリング

ってバク転とかできるんですけど、（フラの）踊りが下《へ》手《た》糞《くそ》なんです。で、その子がフラ始めて、大会で優勝したと聞いたときに、へ、こんな踊りが下手糞なのに、大会で優勝するって、フラってどんだけ簡単なんだろうと思ったんですね。私、ちっちゃいときに褒められてたし、大会に出場ができて、やりたいと思って。そこから大会出てる学校を探しまくる。本物がやりたいと思ったので、いわゆるハワイに先生がちゃんといて、かつ大会にも出て、実績のあるような学校でフラをちゃんと学びたいって言って、探し出すんです。

フラへの評価の低さは実はＡｋさんと同じなのにもかかわらず、だからやらなかったＡｋさんに対して、だからやってみたＹｋさんの違いは大変興味深いものです。こうして求めていた条件の先生のいる学校に入ってフラを、ハワイに滞在までして、ハワイの文化も含めて深く学ぶようになります。この本物の高いものを目指す姿勢は、Ａｋさんと共通しています。ただＹｋさんはそのフラの日本校の先生そのものを好きだったわけではなかったそうで、

Ｙｋさん　一回その学校をやめて、もっと強い、コンペティションがすごく強い学校に行ったんですよね。だけどね、やっぱりコンペティションが強いだけでは、全然芸術性がないと面白くないなということにすぐわかった。感性が動かされないからつまらないんですよ。それがいいっていう人もいるかもしれないんですけど、やっぱりバレエと比べてレベル低いなっていうのは、ちょっと正直思いましたね。だけど私はハワイの先生に最初ついてる学校に行ったから、そういう意味ではやっぱりね、大っ嫌いですけど、あの感性がやっぱりすばらしい。合うところがあった。

と教室に戻ってきます。しかしその先生がハワイの先生と喧嘩別れをしてしまい、スタイルを変えると言われたために、それでも残ってほしいという先生の希望に逆らって、その教室をやめてしまいます。

■プレイヤーから指導者へ

そのときにハワイの先生から、日本で教室を開いてほしいという依頼が届きます。しかしＹｋさんは、もともと教師と競技者を両立させてはいけないという倫理観をもっていました。そのうえ、踊り手になりたいという希望をもちながら、ハワイの先生の要請で教師を務める決心をする葛藤が次のように語られます。

Ykさん　先生になるつもりはなかったんですね、実は。踊ってたかったんです。5年しかやってないし、むしろこれからだっていうときだったので。私は先生をやるんなら踊りはやめようともともと思ってた。もともと思ってたっていうか、踊ってる先生は良くないと思ってた。ちっちゃいときから、っていうふうに育ったから、自分が先生になったら、踊るのやだし、私はいままで数々、先生という人種にどんだけの無礼を働いてきたと思うんです。だから自分が先生になったら、絶対返ってくると思ったんです。絶対ならない職業一番は先生って言ってるぐらいやりたくなかったんですけど、やっぱり言ってもらったときに、二度目はないと思ったんですよね。だからここで覚悟を決めて、やろうと思って、35歳のときにスタートして……。

こうしてしばらくは元の会社の契約社員としても仕事をしながら、やがて日本で独立して100人を超えるフラ教室を東京のど真ん中でアシスタントなしで一人でやっていらっ

図4-5　踊りに導かれるふたご（AkさんとYkさん）の半生

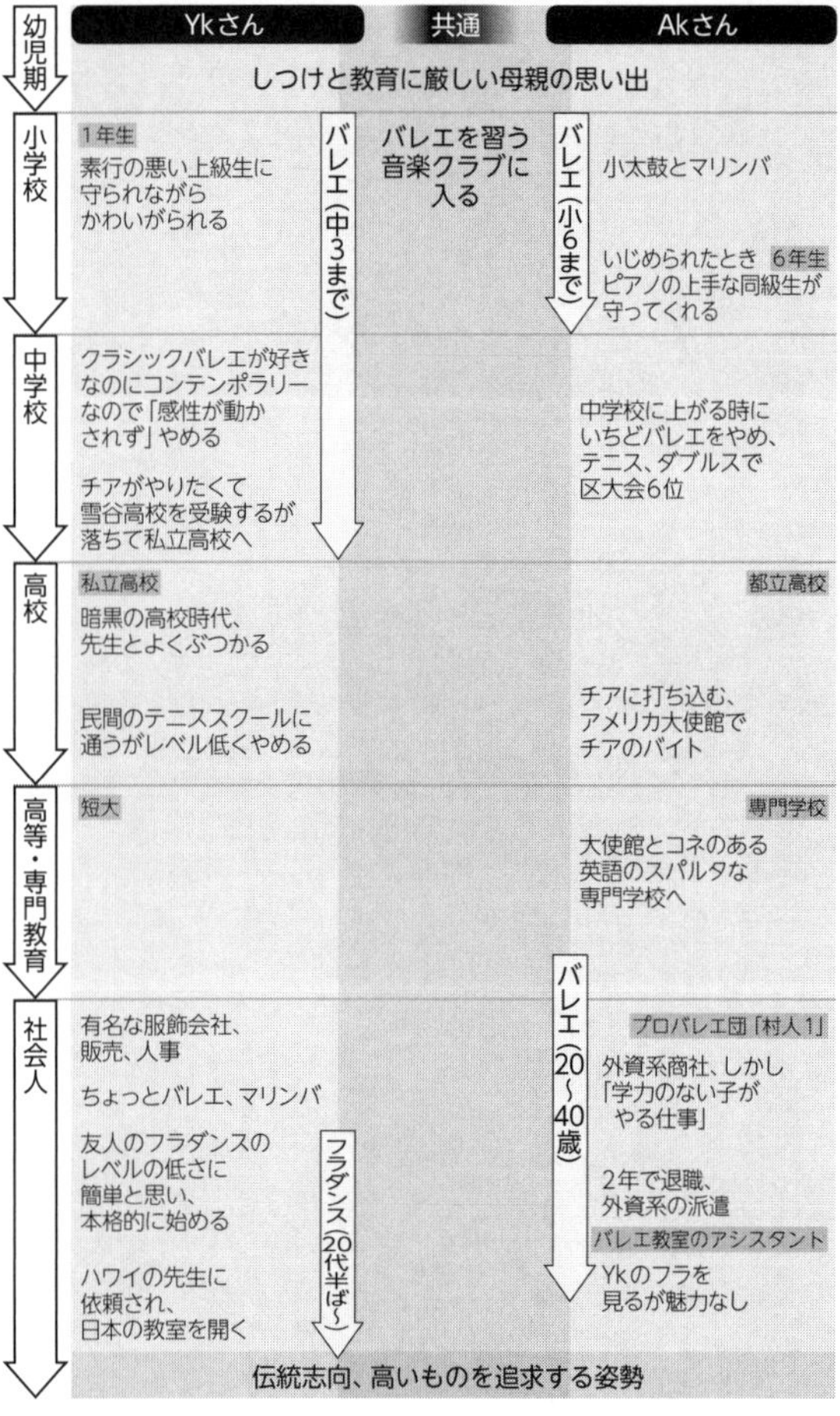

Ykさん
共通
Akさん
幼児期
しつけと教育に厳しい母親の思い出
小学校
1年生
素行の悪い上級生に守られながらかわいがられる
バレエ（中3まで）
バレエを習う 音楽クラブに入る
バレエ（小6まで）
小太鼓とマリンバ
いじめられたとき 6年生 ピアノの上手な同級生が守ってくれる
中学校
クラシックバレエが好きなのにコンテンポラリーなので「感性が動かされず」やめる
チアがやりたくて雪谷高校を受験するが落ちて私立高校へ
中学校に上がる時にいちどバレエをやめ、テニス、ダブルスで区大会6位
高校
私立高校
暗黒の高校時代、先生とよくぶつかる
民間のテニススクールに通うがレベル低くやめる
都立高校
チアに打ち込む、アメリカ大使館でチアのバイト
高等・専門教育
短大
専門学校
大使館とコネのある英語のスパルタな専門学校へ
社会人
有名な服飾会社、販売、人事
ちょっとバレエ、マリンバ
友人のフラダンスのレベルの低さに簡単と思い、本格的に始める
ハワイの先生に依頼され、日本の教室を開く
フラダンス（20代半ば〜）
バレエ（20〜40歳）
プロバレエ団「村人1」
外資系商社、しかし「学力のない子がやる仕事」
2年で退職、外資系の派遣
バレエ教室のアシスタント
Ykのフラを見るが魅力なし
伝統志向、高いものを追求する姿勢

しゃいます。

■身体感覚が選択を導く？

このようにこのお二人の人生は、高校時代に一時的に大きく明暗を分けたにもかかわらず、どちらもバレエとフラという踊りを中心に描かれます。スポーツに親和性があることは、先の高校野球のふたごとも共通するといえるかもしれませんが、その方向性は単なる種目の違いというよりも、スポーツに求めるものの違いとして顕著にあらわれています。

高校野球に生きるふたごは、野球を高校生に教えることや、その経験を仲間と共有することに生きがいを見出していました。しかしこの二人は、踊りのもつ伝統的なものや芸術性を尊重し、それを心の内側から身体感覚として感じて、高いレベルで本物を求めようとする姿勢が、選択を迫られる際に常に優先されます。また子どものころからにじみ出ていた、いつも人に好かれ、人から頼られる性格が、社会に出てからの仕事との出会いにも同じように関係しています。

こうして遺伝子を共有する一卵性双生児の4組（また第1章でご紹介した写真家の例を含

めれば5組）について、すこし詳しく、とはいえそれぞれの人生の断片的な局面だけを紹介してきました。

これらの事例が示すふたごのきょうだいのとてもよく似たライフコースの取り方から、やはり人生における遺伝の影響は無視することができないという行動遺伝学が見出した結果を、まず再認識させられるのではないでしょうか。高校野球に打ち込んだケースのように、ほとんど同一といってよいほどのシンクロを見せるふたごはもとより、最後のバレエとフラのふたごのように、同じ時期に違ったことをしつつも、踊りへの関心が人生における重要なものとして続いているケースからわかるように、特定の関心とそれを実際に発揮する能力が、それぞれに個性的に、遺伝による影響を受けていると見ることができます。

ただ誤解してはいけないのは、だからといって人の人生が遺伝子によって完全に操られ、一人ひとりの自発性や自由意思が損なわれているのではないということです。誰もが自分の遺伝的素質を通して、いま生きている環境の中で何をどのようにするのかを、自分の頭で考え、心で感じ、自分のすることを選びながら人生を紡いでいきます。その選択は、まぎれもなくあなたの自由意思として経験されているはずです。

もしそこに誰かからの命令や強制があれば自由意思が損なわれたといえるでしょう。しかし遺伝子はあなたの意思に命令を下してなどいません。なぜなら遺伝子はあなた自身だからです。遺伝子こそが自由意思の根源なのです。その遺伝子の自由意思に制約を与えているのはむしろ環境なのです。

学校という環境が広げる可能性

学校が与える環境が、一人ひとりの潜在的な遺伝的素質に対して、具体的な社会への窓口、入り口を与えてくれることもまぎれもない事実です。ここに登場した4組のうち3組までが同じ大学の同じ学部に進学する事例でしたので、これを一般化することはできないのですが、あえて一般化すれば、学校教育が与えてくれる文化的素材や、それにかかわる人々との出会い、またともに学ぶ生徒の間の競争的な関係や友好的な関係の中で、自分の遺伝的素質が反応して知覚され、選択され、つくり出されて、その積み重ねが生み出す来歴が、またその先の人生を紡いでいます。それを振り返ってたどってみると、そこにもともとは名づけられなかったその人の遺伝的なその人らしさがあぶり出しのようにあらわれていることが見て取れるのではないでしょうか。学校はその意味で、テストの点を取り、良い学歴を勝ち取るという形式的な側面だけでなく、一人ひとりの個性を文化と社会の中にきちんと位置付けてくれる実質的な機能をきちんと果たしていることもまた事実であることを知ることができます。テストや学歴は、しばしば確かに「この大学には入学させない」「この企業には就職させない」という「命令」を下すことがあります。これはそのような環境が課す遺伝子の発現に対する制約です。しかしそれ以上に、遺伝子の豊かな発現を促す機会を提供しているのもまた教育環境なのです。

本章の例では、東大附属に進んだ二組で見られた例（事例3・4）や、きちんとしつけられた子どもに育った踊りに導かれた女性（事例5）のように、親の助言や学習機会の提供やしつけもまた、子どもの素質に気づかせ、人生を進めてゆくためのきっかけを与えてくれることがあることもまた示されています。しかしそれは、親の言う通りに子どもが生きていくのではなく、それを手掛かりにして、自分自身に取り入れ、生かしていくという形で働いていると考えることができます。

これは最後の章で考えるテーマに結びつきます。親がどのような子育てをしようと、子どもはその中から、その子の遺伝的素質を通して取り入れられるものを取り入れ、そうでないものには距離を置いて、その子自身の心で自分の人生を築き上げている。当たり前のことのようですが、そのように親の影響をとらえてみると、親としての子育ての仕方について、少し冷静に、客観的になれるのではないでしょうか。

*17 Eyler, L.T., Prom-Wormley, E., Panizzon, M.S., Kaup, A.R., Fennema-Notestine, C., Neale, M.C., Jernigan, T.L., Fischl, B., Franz, C.E., Lyons, M.J., Grant, M., Stevens, A., Pacheco, J., Perry, M.E., Schmitt, J.E., Seidman, L.J., Thermenos,H.W., Tsuang, M.T., Chen,C-H., Thompson,W.K., Jak, A., Dale, A.M., Kremen, W.S. (2011) Genetic and environmental contributions to regional cortical surface area in humans: A magnetic resonance imaging twin study. *Cerebral Cortex*, 21 (10) : 2313–2321.
;Kremen, et al. (2019)

第５章

「自由な社会」は本当に自由か？

「自由な社会」が突きつける過酷さ

自由で平等で民主的な社会は、私たちの誰もが望ましい社会のあり方だと考えているでしょう。人類の歴史は、エジプトの奴隷制のような、専制的で個人が国家や共同体のために犠牲になることもやむなしとする社会から、この世に生を受けた誰もが、一人ひとりの希望や意思が尊重される社会へと進歩してきていると、私たちは（少なくとも私は）信じています。だからこそ、ウクライナに侵攻するロシアや、軍事と国家統制によって国民を支配しようとする中国や北朝鮮のような政治形態の国を、時代遅れの困った国だと思っています。

いや、そんなイデオロギーや政治思想のようなスケールの大きな話を持ち出さなくとも、自由と平等にかかわる問題は私たちの身近に、いたるところに転がっているといえるでしょう。もし自分の住んでいる家の近くにたまたまビールの自動販売機がないために、飲みたいビールを遠くの酒屋まで買いに行かなければならないなんて、不平等で不自由だと思いませんか。

この章では、社会における自由について、政治学や倫理学の話ではなく、あくまでも行動遺伝学の視点から考えていきますが、それはやがてイデオロギーや政治思想とは違った意味で、自由な社会が突きつける生き方の問題に光を当てることになります。

第3章で、遺伝と環境が知能や学力に及ぼす影響において、親の収入や社会的地位が違いをもたらすというお話を紹介しました。社会階層が中より上の比較的豊かな環境では、お金がある程度自由に使えて、環境にもいろいろな文化的な選択肢があって、自由に行動を選べる機会が多いので、結果的には遺伝の影響が大きくなる。それに対して、経済的な理由で困窮した生活を送る環境だと選べる選択肢が限られてくるので、逆にその環境の影響を得やすく、結果的に共有環境の影響が大きく出るというお話でした。つまり家庭の裕福さとそれに伴う文化的資源へのアクセスの幅の広さが、遺伝的な差異を増幅させているということでした。

都会と田舎、どちらが自由？

家庭の裕福さ以外に、自由度を左右する環境の違いは、ほかに何があるでしょうか。行動遺伝学の研究でよく着目される環境が、住んでいるところが田舎か都会かの違いです。何万人もの人が密集し、人々の行き来も激しい都会と、人口が数千人程度と少なく、限られた人との付き合いが中心となる田舎とでは、行動の仕方に及ぼす遺伝と環境のかかわり方まで変わってくることが明らかにされています（これを示したミネソタ大学の研究では、人口5万人以上を都会、1万人以下を田舎としています）。

田舎と都会では、果たしてどちらが行動の自由度が大きいと思いますか。田舎はのびのびとしているし、知らない人の目も気にする必要がないから自由度が大きいのに対して、都会は人間関係も窮屈そうだし、いつもたくさんの人の目を気にしなければならないから自由度が小さいと考える人もいるでしょう。

逆に田舎では親類や昔からの知り合いばかりに囲まれているし、古くから伝わる習慣に縛られやすいし、選べる仕事も限られているし、自由に好きなものが買える大きなショッピングセンターもないし、アマゾンで買い物をしてもなかなか届かなくて不自由なのに対して、都会なら違った価値観の人が互いに干渉せずに生きていけるし、たくさんのお店や仕事の機会があるので自由度が大きいと考える人もいるでしょう。どちらの可能性もありますね。読者の皆さんはどのようにお考えですか。

これを頭の中だけで考えるのではなく、実際のデータで示してくれるのが双生児による行動遺伝学研究です。もしどちらかの環境で遺伝率が大きくなれば、それはそれだけ環境が自由だから遺伝的な素質に合わせた行動が選べる。しかしもし共有環境や非共有環境の影響が大きければ、それだけ環境に左右され、自由な選択ができていないということになります。

ここで遺伝と環境の考え方が、ふつうと逆転していることに気づくでしょう。ともすれば遺伝は人間を内側から縛るもの、それに対して環境はそれを自由に解放するものと考えられがちです。ところが遺伝側からすれば、環境の方が遺伝の進みたい自由に足かせをはめる要因と位置付けられているのが重要です。

「のんべえ」は都会の方が遺伝!?

まず紹介するのは青年期（16〜18歳くらい）の飲酒の頻度についてのフィンランドの研究です。日本ではいまこの年齢の飲酒は禁止されていることもあり、直接私たちの社会にあてはめることはできませんが、現象を理解するうえで興味深い研究なのでご紹介しましょう。

このお話は1990年代のもので、約1800組のふたごに、16歳、17歳、18歳半の3回の時点で、お酒をどれだけ飲むかを、「毎日飲む」から「週に2、3回」「月に2、3

図5-1　飲酒頻度に及ぼす遺伝と環境の影響の割合　都会と田舎の比較

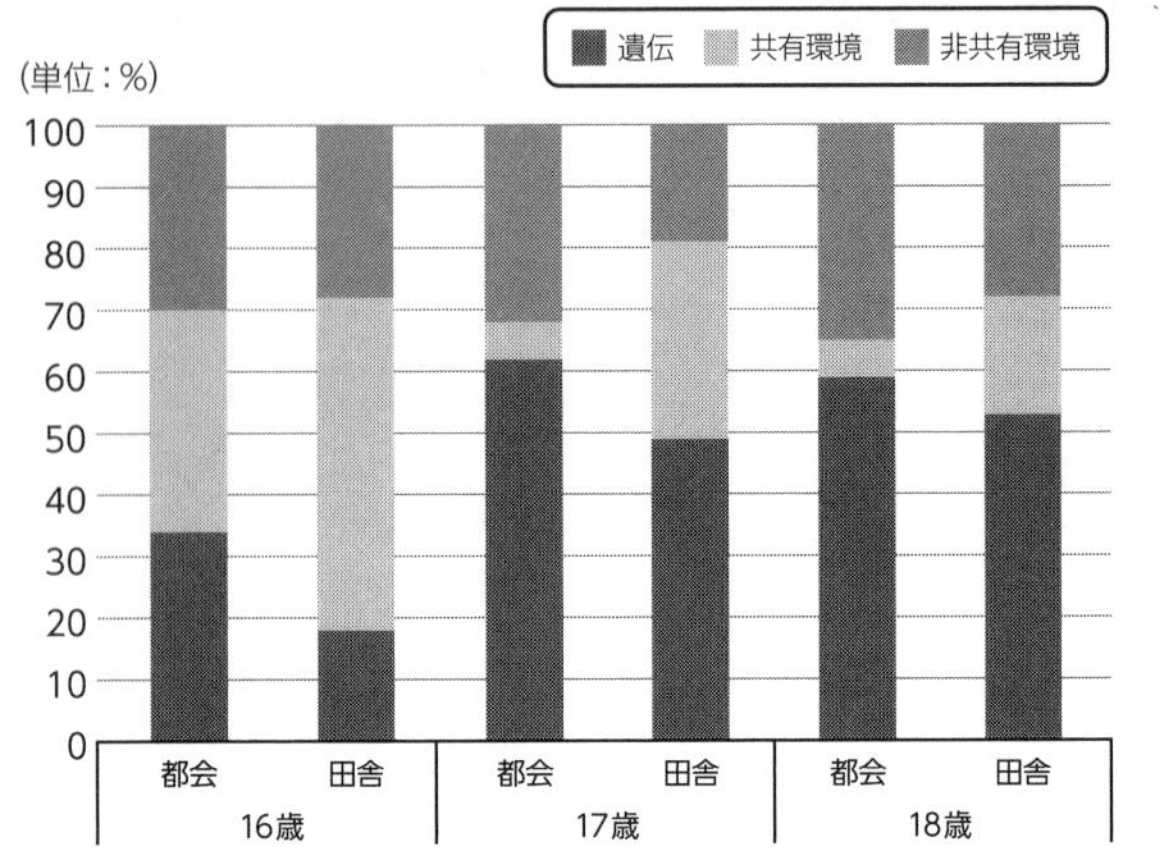

[Rose et al. (2001) を参考に作成]

回」「年に3、4回」「全く飲まない」など9段階で聞きました。すると一番多いのは、男性でも女性でも「月に2、3回」で、女性より男性の方が、また年齢が上になるにつれ、若干ですが飲酒の頻度は増える傾向にあります。ところが基本的にはすでに16歳のときから、どの時点でも18歳半のときとほぼ同じような飲み方のばらつきがみられ、頻度だけなら田舎も都会も変わりはありませんでした。[*18]

　しかしその頻度のばらつきに及ぼす遺伝、共有環境、非共有環境のばらつきの影響が違います。【図5－1】をご覧ください。この図からは三つの興味深いことが読み取れると思います。

まずどの年齢でも都会の方が田舎よりも飲酒頻度の個人差に及ぼす遺伝の影響が大きいということです。つまり都会の方が、自分がお酒を飲みたいか飲みたくないかについての遺伝的違いが、よりはっきりとあらわれやすいということになります。やはり都会の方が飲酒に対しての自由度が大きいことがうかがえます。

第二に、それとは逆にどの年齢でも共有環境の影響は田舎の方が都会より大きいということです。家庭でお酒を飲む機会を与える程度の差が田舎の方が大きく出るということですね。この場合の共有環境とは、個々の家庭の違いというよりも、住んでいる地域の環境の違いであると思われます。つまり誰でも自由に好きなだけ酒を飲んでいいんだとみんなが思っているような文化をもつ傾向の高い田舎と、酒を飲むのはほどほどにしておかねばいけないとみんなが考えている文化をもつ傾向の高い都会の差があらわれているということですね。

そして第三に、都会と田舎に見られる飲酒頻度への遺伝と環境の影響力の違いは、歳が16歳から18歳半になるにつれて変化するということです。ご覧のように遺伝で説明される割合が増え、共有環境で説明される割合が減っていきます。年齢が上がるにつれて、飲酒頻度の個人差は、その人の遺伝的素質と、その人がたまたま置かれた状況の差で説明できてしまい、家庭や地域の風習、文化の違いは少なくなっていくのです。

フィンランドで行われたこの研究とほぼ同時期に、アメリカのミネソタ州に住むふたご1200組の研究でも同様な結果が出ています。[*19]こちらの研究では17歳時点でしかデータをとっていませんが、代わりにアルコールと薬物にどのくらい依存しているかの程度と、素行・行為障害、反抗挑発症、反社会性行動という精神疾患の一部と考えられる問題行動も調べられていました。

素行・行為障害とは第3章でも紹介したようなすぐカッとなって手が出る、うそをつくというような行動が社会の規範を逸脱するほど大きく、しかも長く繰り返し起こるような障害のことです。反抗挑発症とは文字通り反抗的で挑発的な行動が、特に親や教師、警察官など権威者に向かって怒りを伴って出るような障害です。そして反社会性行動はもっと広く、万引き、怠学、無断欠勤、約束不履行など、青年期に見られがちな社会のルールから外れた行動のことです。そういえばフラのYkさんが小学校低学年のときにかわいがってくれた「素行の悪いお姉さん」(170、171ページ参照)などは、まさにこの素行障害にあたるといえるのかもしれません。

こういった眉をひそめざるを得ない行動をどの程度示すのか、その個人差に影響を及ぼす遺伝、共有環境、非共有環境の割合を、男性と女性に分けて示したのが【図5-2】です。ここでも女性での反抗挑発症を除いて、はっきり、これらの行動の個人差に遺伝の影響は都会の方が大きく、反対に共有環境の影響は田舎の方が多いことが読み取れます。

第3章で、物質依存はそれが家にあるかどうかという物理的条件が左右するから、共有環境が例外的にあらわれやすいと言いました。この図でもそれが田舎だとアルコールや薬物に依存するかどうかの違いはほとんど共有環境で説明されているのがわかります。ただ都会のように自由な環境にさらされると、そういうものに手を出しやすいかそうでないかという遺伝的な違いが、頭をもたげてくるようですね。

さらにこれらの研究よりさらに昔、1960年代にアメリカで行われた国立メリット奨学金の資格試験を受けた17歳のふたご900組弱を対象とした研究[*20]では、女子に関してのみ、これまでの研究と同じく、遺伝の影響については都会の方が田舎より大きく（都会44%、田舎2%）、逆に共有環境は田舎の方が都会より大きいものでした（都会29%、田舎62%）。しかし男子ではこのような傾向は見られませんでした。

図5-2　「ワルい」行動や飲酒に及ぼす遺伝と環境の影響の割合　都会と田舎の比較

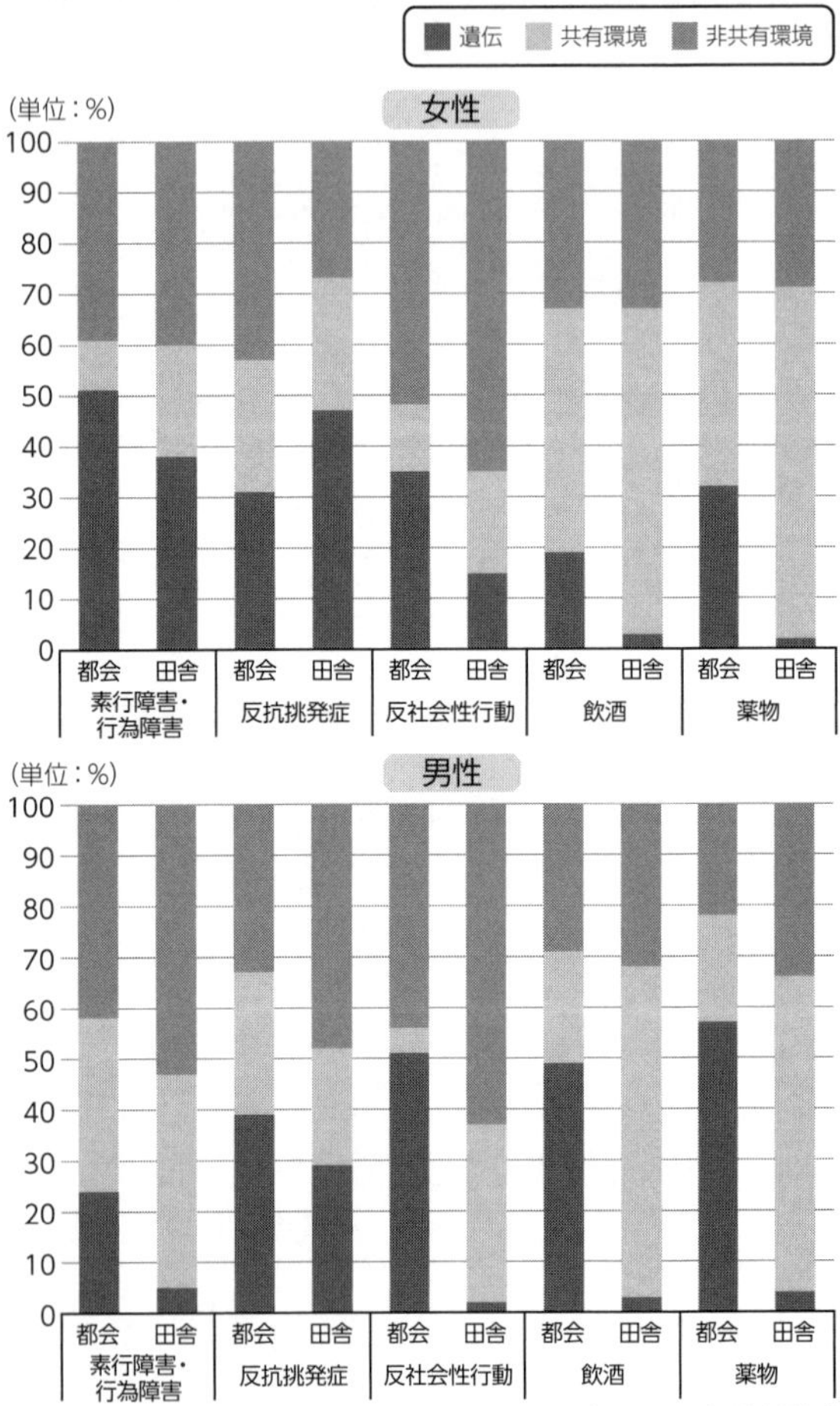

[Legrànd et al. (2008) を参考に作成]

女性に影響する、未婚か既婚か

女性の環境の自由度の違いに対して、住んでいる地域とは別の角度からの研究がありま す。それは結婚しているか、していないかの違いです。女性は既婚者と未婚者でどちらの方が自由度が高いでしょうか。

結婚する前は自由にお酒を飲みたければ飲めるし、飲みたくなければ飲まなくてもよいけれど、結婚すると夫の世話や子育てで飲みたくても飲めない、あるいは夫に付き合って好きでもないお酒を飲まねばならない。だから結婚前の方が自由だと考える人はいるでしょう。

しかし逆に結婚する前は付き合っている仲間や友達に合わせなければならないので自分の自由にならないけれど、結婚してしまえば、多少のわがままも聞いてもらえるので飲みたければ飲む、飲みたくなければ飲まない自由が増えると考えるかもしれません。

約1700組の成人のふたごの女性を対象に行われた調査[*21]では、アルコール消費量の遺伝率は、30歳以下の場合、既婚女性ではわずか31%であるのに対して、未婚女性では60%でした。また31歳以上では既婚女性の遺伝率は46%から59%であるのに対して未婚女性では76％でした。どうやら飲酒に関する自由度は未婚女性の方が高く、また年齢が上がるにつれて高くなるようです。

また環境の自由度は、欧米では宗教の影響も受けるようです。キリスト教、仏教、イスラム教、ヒンズー教など、いろいろな宗教がありますが、一般に宗教は、生活のさまざまな面について慎み深さを求め、感情に流されたり欲に溺れる行いを戒めるものです。国民の多くが無宗教である日本は、むしろ特別で、多くの国は生活の中に宗教によって生活を律する環境が、形式的にせよ作られていますし、無宗教な日本ですら、お盆やお彼岸にはお墓参りに行ったり、お坊さんを呼んで先祖にお経をあげてもらう習慣は残っている家庭も多いでしょう。そうした宗教的な活動にかかわって、その経典を読んだり、儀式に参加してお坊さんや神父さんの説教を聞く機会が多いか少ないかが、行動の自制を促す傾向に差を生むようです。

アメリカのコロラド州で行われた研究[*22]では、約550組のふたごのほかに800組近いきょうだいや片方の親だけが同じきょうだいのような血縁者約1000組のデータを合わせて、たばこを吸い始めたかどうかへの遺伝の影響を調べました。すると案の定、何らかの宗教の活動（たとえば聖書を読む会に出席するなど）に参加する程度によって、遺伝と環境

図5-3　宗教性の高さが喫煙に及ぼす遺伝と環境の影響の割合

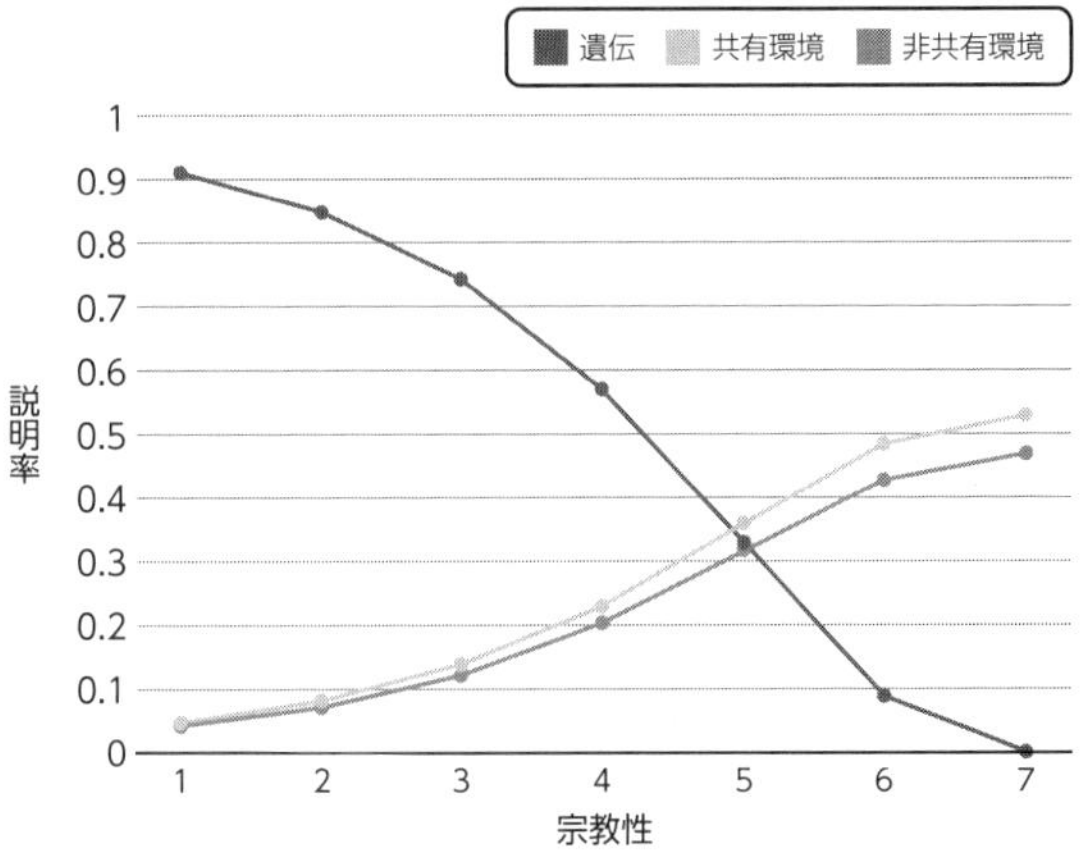

の割合が異なってくることがわかりました。それは【図5－3】に示されています。宗教に参加する程度が多いほど遺伝によるばらつきは小さくなり、代わって共有環境と非共有環境により大きくなるというものでした。

これはそもそもその人がどのくらい宗教行事にかかわるかを指標として見ていますので、単に環境の問題だけでなく、その人自身の宗教にかかわろうという心理的な傾向もかかわっているともいえます。

まばたきと遺伝

さて、こうした研究はいままでは海外のものの紹介ばかりでした。日本では住む地域の違いを比較できるほど大規模な研究が、私たちのグループも含めてできていないのですが、逆に日本では欧米の最近の研究が着目しなかったような興味深い実験的な研究から、これと似た方向性、つまり自由な環境に置かれると遺伝の影響が強く、また窮屈な環境だと遺伝の出方が抑えられて小さくなるという現象がいくつも報告されています。

これは第4章の事例でもお話しした東京大学教育学部附属中学校・高等学校が昭和の中ごろに活発にふたご研究を行っていたころのものです。前章でご紹介したふたごのきょうだいも通っていたことのある東京大学教育学部附属中等教育学校（現在の名称）には、昭和20年代から、教育における遺伝と環境を科学的に研究するために、世界でも珍しいふたご枠を設けて、生徒を募っています。特に創設期には、日本をその後代表することになる心理学者や医学者が、こぞってふたごの研究に従事していました。日本でもこんなに面白いふたご研究がなされていたのだということを知っていただきたいという意味でもご紹介したいと思います。

一つ目はまばたきの回数の実験です。まばたきは、ふだんは意識しないでしていますが、これを意識的にすることもできますね。これは自発性まばたきと呼ばれ、神経伝達物質のドーパミンの活動や認知機能との関係も明らかにされていますが、上武正二《かみたけまさじ》の行った実験では、次の三つの条件下で、それぞれ1分間のまばたきの回数を数えました。[*23]

Ⅰ．前方約1メートルの距離にある玉を「この玉をじっと見ていてください」という指示を与えて見つめさせる。

Ⅱ．同じ玉を「こんどはまばたきをしないでじっと見ていてください」と言って見つめさせる。

Ⅲ．知能検査やクレペリン検査（ひたすら一桁の数字を足し合わせる作業をする検査です）の実施中に、無意識にあらわれるまばたきの回数を、子どもたちには気づかれないように数える。

ちなみにこのまばたきの回数には本当に個人差が大きくて、1分間全くまばたきをしない人から86回もまばたきをする人までばらついていました。

これを一卵性40組、二卵性24組で調べて、条件ごとにふたごのきょうだい間の類似性を表す相関係数を示したのが次ページの【図5-4】です。

じっと目を凝らさなければならない条件Ⅰでは一卵性も二卵性もほとんど似ていません。またまばたきそのものを意識して抑制する条件Ⅱでは、一卵性も二卵性もほぼ同程度に似ていますが、その類似性はあまり大きくありません。ところがまばたきを意識しない条件

図5-4　まばたきの回数の双生児類似性（相関係数）

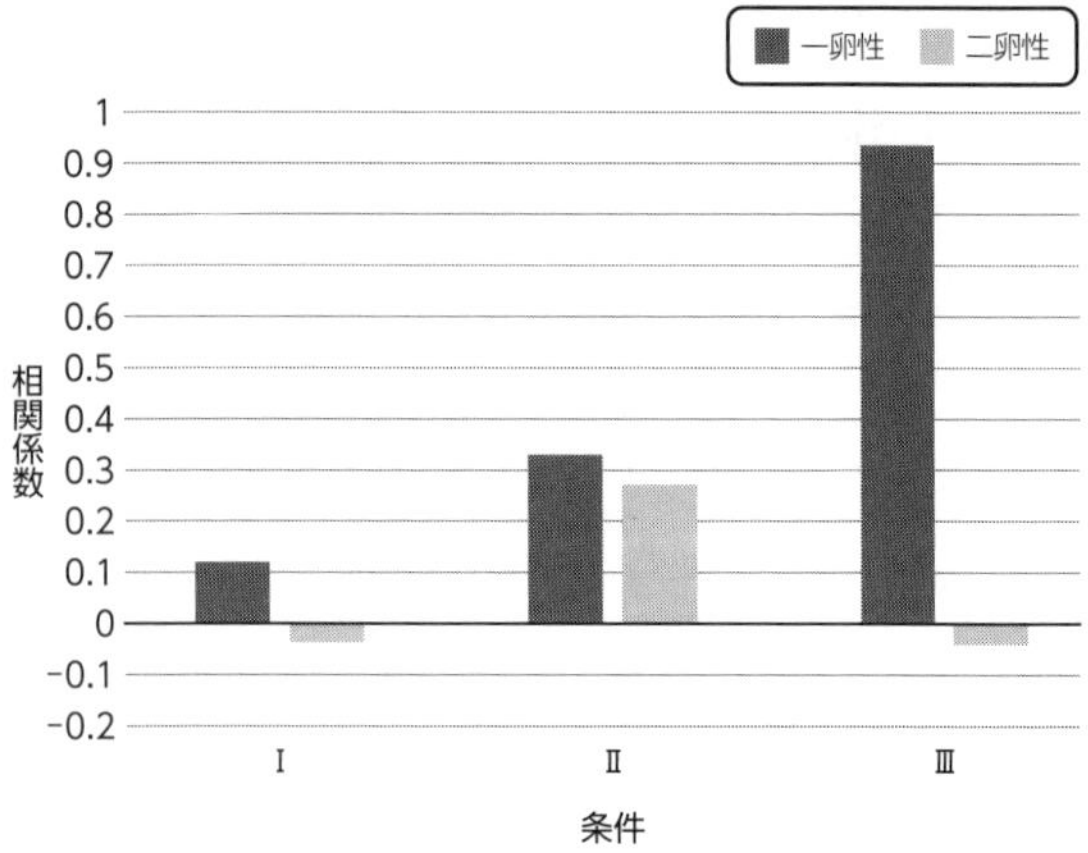

Ⅲでは、一卵性の相関はほぼ1に近く、ほとんど同一人物と同じくらいの類似性であるのに対して、二卵性では全く似なくなるのです。

実際、条件Ⅲでまばたきが58回と69回と突出して回数の多かった一卵性のふたごは、条件Ⅰでは20回と8回、条件Ⅱでは6回と3回、次に条件Ⅲで回数の多い44・6回と44・4回のまばたきをしたふたごは、条件Ⅰでは11回と4回、条件Ⅱでは4回と9回でした。まばたきを意識しなくなったとたん、一気に「まばたきの素質」が開花したみたいなのです。

民主的な社会と遺伝のばらつきの関係

こんな研究もあります。[*24]『サザエさん』のような4コマ漫画を5種類用意し、それをコマごとにばらばらにします。こうしてできた20枚のコマをランダムに並べて、元の作品を完成させなさいという実験です。

子どもたちは自由にそれらを並べては、こんな話だと物語を語るのですが、どれから手をつけるかの順番はみんなてんでんばらばらで、すべて完成させればおしまいです。これにかかる時間は短い人で8分半、長い人で19分と、かなりのばらつきがあります。しかしこの全体を完成させるまでの時間が、一卵性で驚くほど一致しているのです。その相関は0・98。ほとんど完全に同一なのです。どれだけその課題に従事するかなど、やっているときには全く意識していません。この「意識していない時間感覚」に強く遺伝の影響があらわれているのではないかと、当時の研究者は考えました。

ほかにも物を上から落として的に命中させる「爆弾実験」で、好きなだけ練習してよいと言われたときに練習に費やす時間や、これから話すお話をよく聞いていてくださいと言って、中学生に難しい哲学の話を数分間聞かせたのち、いま何分かかったと思いますか、とたずねたときに感じた時間の長さ（あっという間だと思う人も、とてつもなく長く感じる人もいました）にも、一卵性双生児はとても高い類似性を示しました。

これはとても示唆的な研究だと私は考えています。遺伝の影響は、ふつうに思い描くような運命のように人を操るわけではありません。意識的にそれをコントロールしようと思えば、まばたきのように、自由に変えることはできます。だから私たちはともすれば、遺伝など関係ない、意思の力でなんとでもなると思いたがります。しかしその意思によって意識を向けているとき、その外の意識が向かなくなった部分に、遺伝の影響はしっかりと顔を出しているのです。さらに話をふくらませれば、私たちは意思の力で遺伝を封じ込めることも可能であり、文化によって、制度によって、遺伝の影響を見えなくさせることすらできるともいえます。しかしそれは遺伝の影響がなくなったのではなく、抑え込まされているだけであって、文化や制度による制約がなくなれば、再びそれはあらわれてくるものです。

専制主義的な国家では、人々はみんな指導者の言うことを聞き、制度が決めたようにみな同じようにふるまいます。それによってコロナを抑え込んだと主張した国もありました。むしろ自由主義の国の方がコロナによる死者が増えていました。さらに近年では自由で民主的な社会に分断が広がっています。うがった見方かもしれませんが、これは行動遺伝学的に見れば合点がいきます。自由になり、人々が自己決定を民主的に行うことが許されるようになると、それだけ人々の考え方や行動の仕方に遺伝的なばらつきが大きくあらわれてくるのです。

もしそうだとしたら、分断をなくし、感染症による被害から守るためには、政治や教育のような制度によって、何か特定の考え方や行動様式に誰もがなるよう、遺伝が生み出すばらつきを最小限に抑え込むこと、つまり自由を奪うことが正しいことなのでしょうか。

子育ての話が、いつのまにか政治や思想の話になってきてしまいました。しかしこれは人類が直面する本当に難しい問題とかかわっていることを、ここでちょっと気づいてほしいのです。

しつけの文化比較[*25]

最後にご紹介するのは、政治のような難しい話ではなく、ふたたび子育ての国際比較の話です。西欧では早くから子どもを両親とは違う部屋で寝かせるのに対して、日本では親子で川の字になって寝ると言います。子育ての仕方にはこのように文化差があるわけですが、ここに遺伝と環境のあらわれ方の違いが見出されるのです。

日本とスウェーデンのふたごを対象に、自分が親からどんな態度で子育てをされたかを聞きました。養育態度には、温かさ、権威主義的態度、庇護性《ひごせい》といった異なる側面があることが知られています。子どもに温かく接するか冷たいかかわりをするか、親として権威をもって子育てにあたるか権威を感じさせないように育てるか、危ないことは極力させないよう子どもを守ろうとするか突き放して子ども自身に任せるか、それぞれの姿勢が家庭によって違い、子どもの受け止め方も違います。

これはもっぱら環境の違いだろうと思われるかもしれませんが、子育てのスタイルは親が一方的に決めるのではなく、子どもの性格や行動によっても変わってきますので、そこに子どもの遺伝要因も入ってきます。また同じふたごのきょうだいでも、子ども自身の遺伝的な傾向により、親の同じ子育てスタイルが違って受け止められることもあります。この個人差が遺伝と環境のそれぞれに関して、どの程度効いているのかを算出し、それを日本とスウェーデンとで比べると、【図5－5】のように、温かみと権威主義に関して、スウェーデンより日本のほうが遺伝の影響が大きいことがわかります。逆にスウェーデンでは共有環境の方が大きいようです。特に父親が権威主義的かどうかのとらえ方が、スウェーデンでは遺伝要因が見られないくらいです。

これは日本人は子どもの性質に合わせて子育てをする傾向が強いのに対して、スウェーデー

図5-5　親の育児態度に及ぼす遺伝と環境の影響の割合　日本とスウェーデンの比較

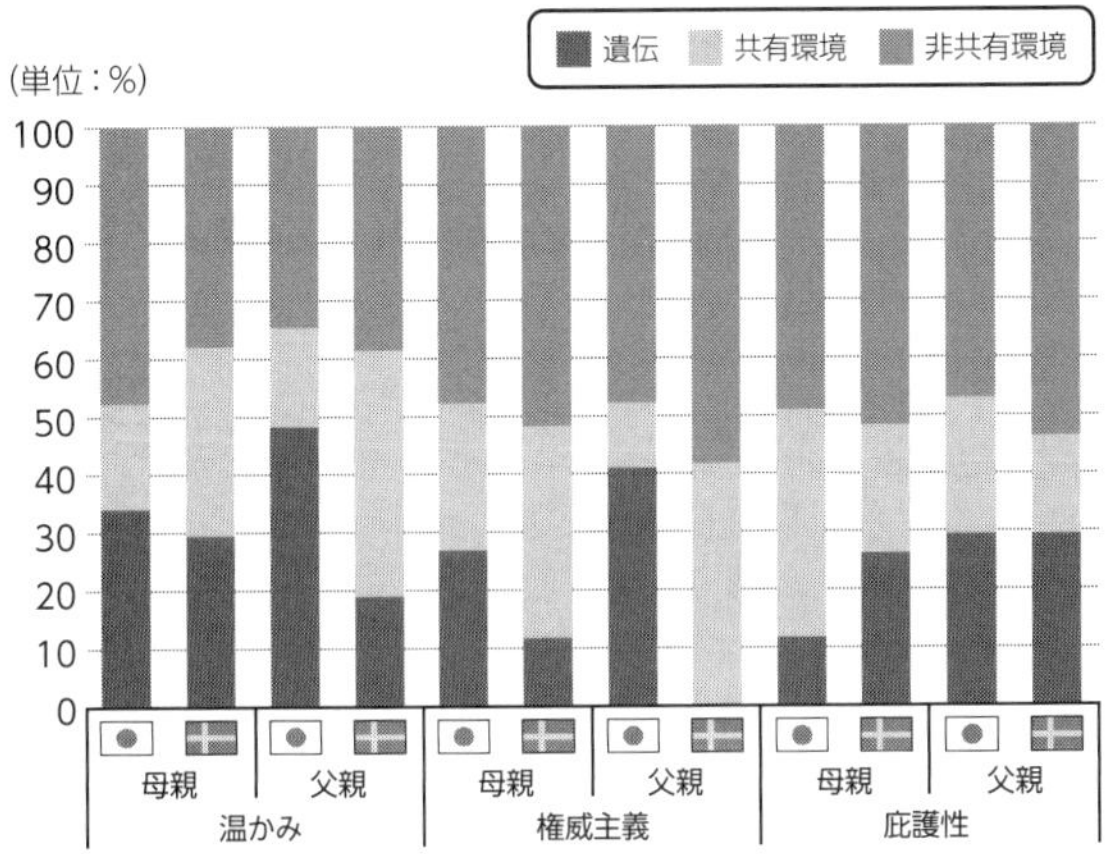

[Shikishima et al. (2013) を参考に作成]

デンでは親の考え方に合わせるような子育てをする傾向が強いことをあらわしていると考えられます。文化比較の研究でもすでによく言われていることですが、日本は親は子どもに共感を強く示し、子どもと同じ目線でしつけをしようとしますが、欧米では親も子も自律した個人ととらえ、親自身の価値観を子どもにはっきり示そうとする、そのことが遺伝と環境の関係の中にもあらわれているのだと考えられるのではないでしょうか。

これは子育てとしてどちらが良い、悪いというものではないと思われます。実際、親主体のしつけか、子ども主体のしつけかは完全に分けられるものではなく、どの親も時と場合によって使い分けているもので、ここで示された文化による違いも、あくまでも程度問題であることを忘れてはいけません。それをふまえたうえで、その程度の違いが生まれた国によって違い、それがさらに子どもの遺伝的素質の違いとも絡まってくるのだということを知っていただければ、子育ての仕方、考え方も変わってくるのではないでしょうか。

すばらしい新世界が生む格差

本章では育つ社会によって遺伝と環境のあらわれ方が異なるという事例を数多く紹介してきました。そこで見えてきたのは、環境が自由になればなるほど、遺伝的な差がはっきりとあらわれる社会になる可能性があるということです。

え？　社会が自由で平等になれば、人々の差がなくなることになるんじゃないの？　いえ、そうではなくて、そのときこそ一人ひとりの遺伝的な素質が自由に表現できるようになり、その結果、そこにあらわれるあらゆる差は、遺伝的な個人差が生み出したものになるというわけです。

親の収入や職業や住んでいる場所に縛られることなく、子どもたちは自由に自分の好きな学校や職業を選ぶことができる。学校に行きたくなければ行かなくても学歴で差がつくことはない。学びたいことがあれば、いつでもどこでも自由に、さまざまな学習機会にアクセスすることができる。仕事をしたくなければ仕事につかなくとも、ベーシックインカムで、それほどみじめではない生活が誰でも送れる。音楽をやりたければ好きなだけ音楽に打ち込んで自分を表現することができる。スポーツをしたければ好きなだけスポーツをする時間と場所が与えられて、どこまでも上を目指すこともできれば、気持ちの良い程度に楽しむこともできる。

そんな社会がもし実現したとしたら、そのときこそ、一人ひとりの遺伝的な素質がはっきりと、露骨にあらわれることになる可能性が高いのです。

現実には隅から隅まで完全に自由な社会や完全に自由を奪われ統制された社会というものは存在しないでしょう。「自由」というビッグワードは、しょせん人間が頭でつくり上げた理念にすぎません。そしてひょっとしたらその「自由」という理念すら、遺伝子が、人間のつくり上げた社会環境の中を生き延びるために、人間の脳に発明させた「道具」にすぎないのかもしれません。

誰にも自由が与えられた「すばらしい新世界」では、とりもなおさず、遺伝的なその人自身があらわされ、個人差が広がることになるのです。それをいま民主的な国で起こっているような分断に陥らせることなく、異なる人々が互いに協力しあう社会をつくるにはどうすればよいのか。子育てについても政治制度についても、環境のあり方を考えるとき、同時に遺伝についてもきちんと理解をする必要があるのです。

＊18 Richard J. Rose, Danielle M. Dick, Richard J. Viken, Jaakko Kaprio（2001）Gene-environment interaction in patterns of adolescent drinking: Regional residency moderates longitudinal influences on alcohol use, *Alcoholism Clinical and Experimental Research*, 25(5): 637–643.

＊19 L.N. Legrànd, M. Keyes, M. McGue, W.G. Iacono, R.F. Krueger（2008）Rural environments reduce the genetic influence on adolescent substance use and rule-breaking behavior, *Psychological Medicine*, 38(9): 1341–1350.

＊20 Christal N. Davis, Shanaliz S. Natta, Wendy S. Slutske（2017）Moderation of genetic influences on alcohol Involvement by rural residency among adolescents: Results from the 1962 national merit twin study, *Behavior Genetics*, 47(6): 587–595.

＊21 A.C. Heath, R. Jardine, N.G. Martin（1989）Interactive effects of genotype and social environment on alcohol consumption in female twins, *Journal of Studies on Alcohol*, 50(1): 38–48.

＊22 Timberlake, D.S., Rhee, S.H., Haberstick, B.C., Hopfer, C., Ehringer, M., Lessem, J.M., Smolen,

A., Hewitt, J.K. (2006) The moderating effects of religiosity on the genetic and environmental determinants of smoking initiation, *Nicotine & Tobacco Research*, 8(1): 123-133.

＊23 上武正二（1962）「『まばたき』反射における遺伝的規定の研究」藤田恒太郎編『双生児の研究 第Ⅲ集』日本学術振興会、169-181頁。

＊24 上武正二（1971）『精神機能における遺伝と環境――双生児法による実証的研究』誠文堂新光社。

＊25 Chizuru Shikishima, Kai Hiraishi, Shinji Yamagata, Jenae M. Neiderhiser, Juko Ando (2013) culture moderates the genetic and environmental etiologies of parenting: A cultural behavior genetic approach, *Social Psychological and Personality Science*, 4(4): 434-444. doi: 10.1177/1948550612460058

第6章

そもそも、子どもにとって親とは?

親に「こうあるべき」はない

これまで親の視点から、行動遺伝学がどのようなことをいえるかを語ってきました。しかしいまになって白状することになりますが、私自身には子どもがおりません。ですから、本当の意味での子育ての実体験をもたないまま、本書を執筆していたことになります。もちろん自分自身の父と母の思い出はありますし、親類や学生などの親子関係を垣間見る機会はありましたので、それが親について考える大きな手掛かりだったといえると思います。

逆に開き直って、自分の親としての個人的な経験に依存しないで、むしろあくまで科学的な視点から親というものの役割を、行動遺伝学や進化理論に依拠して考えてみるというのも、意義があるのではないかと考えています。

子育てに関して親として必ずこうあるべきであるというものはないという第一原則をまず挙げねばなりません。親子のあり方は実に多様です。まさに子育てに正解などないと思います。

しかしそう言われても途方に暮れるだけでしょう。極論を言えば、自分の子育ての仕方に自信がない人が、自分のやり方が世間の標準から外れていないことを確認したくて子育て本を読むのかもしれません。

行動遺伝学的な視点から見ると、子どもは生物学的に自分の遺伝的素質を発現しながら、自律的に生きていこうとしているのだから、それにゆだねてしまえばいいじゃないかと考えられます。それを後押しするもっとも強力な根拠は、第3章でお話ししましたように、親や家庭の環境がかかわるとされる学力、知能、非行、飲酒喫煙など、多くの側面で、少数の例外を除き、共有環境の影響がほとんどないという事実です。またあったとしてもその効果量は数%程度で、圧倒的に大きい遺伝の影響や非共有環境の影響と比べると小さいものです。

確かに数%とはいえ、それは決して無視してよい値ではありません。行動遺伝学がはじき出す何%という数値は、社会全体のばらつきの中での相対的な程度ですから、あなたがいま生きている生活の中では、実感として意味をもつ程度に景色を変えてくれる力はあります。それは地球をロケットに乗って宇宙からみれば、地表はほとんどまっ平らで、8000メートルを超すエベレストだって、地表のほんのわずかなしわにすぎませんが、地上に生きる人間にとっては、エベレストどころか、建物の2階にだって労力をかけて昇れば見える景色が違うというのと似ています。共有環境、あるいは親の影響でほんのわずかの働きかけをすることが、人生に少なからぬ影響を与えます。

第4章で紹介した東大附属に進んだ2組のふたごの例でみれば、高校での進路選択のとき、理科の教師だった母親の影響で、結局、そちらの道に進んでIT関係の仕事をするようになったり、同じく美術の才能があるところを、父親の出た理系の学部に触発されて、建築の道に進んだ例などは、やはり親の一押しという環境が直接間接に少なからぬ意味をもっていたといえるでしょう。それがいわば共有環境の数%にあたる部分です。

しかし一方で遺伝が30〜60%、親も子ども自身もコントロールできない偶然の環境が残る40%弱から70%弱と比較しての数%という値です。この二組のふたごが、たとえば写真にも、野球にも、踊りにも進まなかったのは、やはり本人の遺伝的素質がそちらに関心を向けさせなかったからだと考えられます。親からはバレエでは食べていけないからと普通高校へ進んだふたごは、それでもそれぞれに踊りから離れることはできませんでした。

さらにパーソナリティや社会的態度など、知識や技能を学ぶことで作られるのではない、その人物のキャラとしてある心理的形質に関しては、同じ親に育てられても別の親に育てられても、子どもは同程度に類似してしまい、環境の影響はもっぱら非共有環境の影響のみであることも、行動遺伝学の発見した重要な原則として挙げられています。要するにどこで誰に育てられようと、子どもは「おおむね同じように」育っていくのです。親の育て方なんて、実はたいしたものではないのです。

この著者はいったい何をバカなことを言っているのだ。誰に育てられるかで、人生は大きく変わってくるに決まっているじゃないか。だから子どもにとって少しでも良い親になろうとこの本を読んできたのに、何を言い出すのだ。

私もそう思います。実際、私自身、それなりに親の言動には翻弄され、ある部分恵まれたといえる部分と、傷つけられた部分があり、もしこの親じゃなければもっと違う人間になれたかもしれない、違う人生を送っていたかもしれないと、定年を迎えるこの歳になっても思います。それでもあえて、いや、だからこそ、親の育て方など、子どもの人生にとってたいした問題ではないと考えるべきだと思うのです。

別々に育ったふたごの事例を数多く紹介しているピーター・ヌーバウアーとアレクサンダー・ヌーバウアー親子の著書『遺伝と子育て――人は「生まれ」か「そだち」か』（小出照子訳、TBSブリタニカ、1995）にこんな興味深い話が載っています。

現在三〇歳になる男性の一卵性双生児は、誕生時点で別れ、それぞれの養父母を得て、異なった国で育った。二人はどちらも几帳面だったが、それも病的なまでに几帳面だった。身だしなみはきちんとしており、約束の時間は正確に守り、しょっちゅう手を洗い、それも皮がむけるほど赤くなるまでこすった。なぜそんなにきれい好きなのかという質問に対して、一人はつぎのように答えた。

「母です。私の小さかったころから母は、家中をいつでもきちんと整頓していました。どんな小さなものでも、必ず決まった場所におかなければいけないといつも言われていました。家には時計が数多くありましたが、毎日お昼の時報に合わせてセットしました。これも母の意向だったのです。私は母のやったとおりにしているだけです。そのほかに理由が考えられますか?」

一方、この男性と同じように石鹼と水をたえず気にしていた双子のもう一人は、自分の行動をこう説明した。「理由は単純なことですよ。母に対する反動ですね。母はまったくだらしのない人でしたから」

このように、子どもが本人の意識できるところではどちらも「親のせい」と認識していますが、それは本人の意識を超えたところで働いている遺伝的特徴を、ただ「合理的に」説明しようとしたときの後づけにすぎないことがわかります。子どもの行動が親の与える環境によって説明できるような気がしても、環境がそのまま子どもの行動を形作るのではないのです。このふたごの事例のように、実は親の作る環境の影響の背後で、その環境を見る側がそれをそう解釈しているにすぎないことが多いといえます。親のパーソナリティから生まれる言動を、子どもは親の意図通りに受け止めるのではなく、子ども自らの遺伝的素質を通して受け止め、解釈しているのです。

「親の心子知らず」とは、もちろんふつうは、経験の浅い子どもが大人である親の思慮には思い至らないこと、ましてや親の子に対する愛情からそれがくることなど気がつかないものだという意味で使われます。それはその通りですが、それに加えて、子どもがそもそも親と異なる遺伝的素質をもって親の言動を受け止めていることからも、それは生ずるのです。

また同書に紹介されている次の例も、子育てを考えるうえで示唆に富み、私の好きな話です。

双子の女子が幼児期に別れ、それぞれ異なった養父母に育てられた。（中略）二人が二歳半になったとき、一人の子供の養母に、いくつかの質問を試みた。母親は養女のショーナについて、何の問題もないと言った――食習慣を除けば。「この娘はどうしようもありません。私が与えるものには手も触れません。マッシュ・ポテトもバナナもだめなのです。シナモンがなければ何も食べません。何にでもシナモンをかけるのです。私の我慢も、もう限界です。食事のときはいつも闘いです。何にでもシナモンをかけたがるのですもの」

この子の家からずっと遠くに住んでいたもう一人のほうの養母は、養女の食習慣に問題があるとは一言も言わなかった。「エレンはよく食べますよ」と言って少し間をおいた母親は、こうつけ加えた。「シナモンさえかけてやれば、何でも食べてくれますから」

遺伝的なものから生まれてくる全く同じ特徴も、それを育てる親がどう受けとめるかで、親子関係が異なったものになることが、この例からうかがわれるでしょう。

親が子どものために自分の行動を変えようとしても、思い通りになんかいかないのだとすれば、子どもに対する親としてのあなたの生き方が変わるのではないでしょうか。

親がもっとも努力すべきこと

開き直ってしまいましょう。あなたが手塩にかけて育てても、誰か別の家に養子に出されたり、児童養護施設で育ったとしても、そこでまっとうに育てられる限り、子どものパーソナリティには大した違いがないのです。行動遺伝学のエビデンスが示唆するのはそういうことなのです。

ここで「まっとうに育てられる限り」という条件がついているところがミソです。私の言う「まっとう」とは、著しい貧困ではない、虐待されない、活動の範囲が著しく限られていない、そのようなところで、その人の生きている社会に対して開かれた環境で育っている場合、という意味です。

社会的に問題となるようなまっとうではない環境で育った（仮にそれがやむをえない場合であったとしても）場合は、一般に自尊心が著しく損ねられたり、知識が著しく偏ってしまい、またその子の素質によっては反社会的行動（暴力や法を犯す行為）を起こして悪の道に入り込みやすくなったり、非社会的行動（引きこもりやうつ症状）を起こしやすくなります。そうしてせっかく生まれた人生で味わうことのできるはずの喜びを享受することが妨げられたり、他人に迷惑をかけがちになったりすることが知られています。

前章でも示したように、こうした劣悪で制約の多い環境では遺伝的傾向の発現が妨げられやすくなります。せっかくもって生まれた良い資質も開花しないままに終わってしまう可能性も出てきます。特にいまの日本で相対的貧困に陥っている子どもが七人に一人はいるとなると、もはや少数派とはいえません。こうした問題は、物理的・社会的・経済的・心理的なたくさんの要因が互いに関係しあい複合的にあらわれてくるので、解決するのが難しく、さまざまな支援の手が必要であることはいうまでもありません。

著しく問題のある育てられ方とまっとうな育てられ方の境界線は必ずしも明確ではありません。しかし親自身が社会的にまっとうな生き方をしているのなら、その家庭は子どもにとってもまっとうな環境だといえると思います。つまりきちんと職について、あるいは職につかずお金を稼ぐ立場ではなくとも、何らかの形で社会的に認められた居場所で、日々その役割をこなし、その結果、家庭でも一定の秩序をもって日々が営まれているのであれば、十分まっとうといえるでしょう。

これは児童養護施設のようなところであっても、そこがまっとうな職員らによって営まれている限りは同じです。どんなまっとうな大人の人生にも、常に危機は生じえます。病気や事故に見舞われる。急にリストラされる。コロナで職を失う。戦争に巻き込まれることすらあるかもしれません。しかしそのときでも、これまで続いてきたまっとうな人間としての暮らしのモデルを心に抱き、想像力を働かせてそれを何らかの形で再現させようとふるまえる限り、その「まっとうさ」は維持されるでしょう。

こう考えてみますと、親として努めるべき第一のことは、親が人間としてまっとうに生きることだといえるのではないでしょうか。親として以前に、一人の人間として、です。

子どもが親から学ぶことがあるとすれば、親として自分にどのようになってほしいと願ってかかわってくれたこと以上に、その親自身がどのような生き方をする人間だったかというところでしょう。子どもにどんな生き方を見せているかというところから、子どもも一人の人間として学んでいるのだと思います。

親とは、社会的役割である以前に、そもそも生物学的な存在です。人がこの世に生まれた限り、必ず親はいます。その親にもまた親がいます。めんめんと続くその過去の歴史のどこかには、ひょっとしたら社会的にまっとうでない親がいたかもしれませんが、それでも子どもを産んでいたという事実から、やはり生物学的には親だったのです。子どもをこの世に誕生させたことで、親としての役割の本質は果たしたといえるのだと思います。

ちなみに最近では、共働きの夫婦の子育てを祖父母が助けてあげる中で、その二世代の間での育て方の方針の食い違いが問題になることがあるようです。おじいちゃん、おばあちゃんにしてみれば、自分の遺伝子を子どものみならず孫まで、二世代にわたって伝え、生物学的にゆとりがあるだけでなく、すでに一世代育てあげた経験値がありますから、なおのこと子育てに自信をもっているでしょう。

何世代も前から同じ生活をし続けて来たであろう近世までならさておき、生活のあらゆる面で変化の激しい現代では、世代が異なれば使う知識も価値観もかなり異なって、意見が食い違うことも少なくないはずです。これは自然の成り行きです。

このとき親世代も祖父母世代も、互いに自分の教育方針に相手を従わせて一致させようとするからバトルが生ずるのでしょうが、それすらも子どもは自分の遺伝的素質に即して眺め、その子なりに反応しているはずです。

親が期待するほど、子は親の影響は受けない

こう割り切ってしまえば、親は子どもへの投資を最小限にとどめて、自分の人生を充実させる方にエネルギーを注ぐことも許されます。そしてまた、子どもに対して暴力やネグ

レクトといった本来与えるべきでない虐待をしない限りにおいて、いわば好き勝手に自分の好きなこと、自分が大切だと思うことに時間とお金を割いてよいのです。

そのような生き方をすること自体、それがあなたの遺伝的素質の導く生き方なのですから。

同じように子どもの教育に最大限の投資をする。あるいは自分がなれなかった自己像を子どもに期待して教育するようないわゆる教育パパ、教育ママも、あるいは目に入れても痛くないほどの孫かわいさに甘やかす孫煩悩ババも過保護ジジも、それが仮に自分のエゴであったとしても、そこに親自身、祖父母自身が価値やアイデンティティを感じてしまうのであれば、それはそれでその人の生き方です。そういう大人世代に影響を受けて子どもは子どもなりに反応するでしょう。行動遺伝学をふまえて、子どもが思い通りにいかず、裏切られることを覚悟さえしておけば、それはそれでいいのではないかということです。

私は自分の子どもを持ったことがないので、これは想像にすぎませんが、たぶん母親となる人も父親になる人も、子どもが母胎に宿ったことを知ったとき、あるいは出産した我が子を目の前にしたとき、何らかの意味で自分の人生がこの子の存在によって変わること、自分だけの人生ではないことを自覚し、そのうえで自分のこれまでの生き方を問い直す瞬間があるのではないでしょうか。

もし自分の人生に後悔があったとしたら、せめて我が子にはそんな後悔をさせないようにしてあげたい、自分の人生で得られた宝物になるような経験があったとしたら、それを同じように我が子に味わわせてあげたいという思いが、頭をよぎるのではないでしょうか。

いずれにしても、あなたの人生にとってのっぴきならないもの、あなたが自分の人生で感じ取ったものの中の〝最良〟を自覚しながら、子どもとの関係を築いていくことになると思います。その限りにおいて、子どもはそこからいつか何かを学び取って、その子なりにその子の生きる糧にしているはずです。

斉藤和義も歌っている「諦め」

子どもには、すでに遺伝的に与えられたセットポイントがあります。子どもがどの程度のセットポイントであるかは、しばらくそれをやらせてみればおおよそ見えてくるものですが、それはその子がそれをやる環境の効果のセットポイントとの足し算なので、ひょっとしてすごく良い環境を用意してあげれば、そうしないよりはもう少しは高い能力になるかもしれません。これもやってみなければわからないことです。子どもがやろうとすれば取り組める環境にさらしてあげれば、ある程度の確率でセットポイントのレベルがどのあたりかを見て取ることができるでしょう。それがローカルな社会ではトップクラスかもしれません。さらにひょっとしたら県レベルで、日本全国で、いや世界水準でトップクラスになる可能性もゼロではありません。保証はないのです。

小学生の娘の幸せのために、学歴のない親としてできることは、「御三家」のような良い学校に進学させることしかないと一念発起して、子どもの受験に人生をかける父親の姿を描いた『下剋上受験』（桜井信一、産経新聞出版、２０１４）がドラマ化された際の主題歌、斉藤和義《さいとうかずよし》の『遺伝』には、こんな歌詞が歌われています。あえて全文を載せます。

運がいいとか悪いとか
神がいるとかいないとか
遺伝するのは顔だけか
それとも魂丸ごとか

人は誰でも平等で

いつか努力は報われる

取って付けたような綺麗事だけれど
信じてみなけりゃ始まらぬ
闘ってみるか　遅くはないさ
泣いてもいいや　おまえとなら

何処へ行くのかこの道は
ずっと景色は変わらぬまま
譲れないもの抱いたまま
冷たい風が頬を打つ

騙した方が悪いのか
騙された奴が馬鹿なのか
おまえもおれも流すのは

同じ透明の涙じゃないか

人は誰でも平等で
やり直せるさ今からだって

歯の浮くような綺麗事だけれど
生まれたからには幸せに
闘ってみるか　遅くはないさ
泣いてもいいや　おまえとなら

頑張る奴などダサい奴
サボリ上手の負け惜しみ
特に誇れる事もなく
残してやれる物もなく

譲れないもの抱いたまま
見られているのはこの背中

遺伝するのは顔だけか
それとも魂丸ごとか

運がいいとか悪いとか
神がいるとかいないとか
今さらどっちでも知ったことかよ
信じてみなけりゃ始まらぬ

闘ってみたよ　負けちゃったけれど
でもこの清々しさはなんなんだ
遺伝するのは顔だけか
それとも魂丸ごとか

このように「諦観」をもちながら、未知の人生の可能性に向かおうとする思いが表現されたこの歌詞は、親としての一つの愛の姿勢が描かれていて、行動遺伝学者の私も心打たれるものがあります（確かに遺伝するのは顔だけじゃなくて魂丸ごとです。ただしポリジーンで、メンデルの分離の法則に従ってですけど、とツッコミはいれたくなりますが）。

そしてここまで書いてきてこのようなことを言うと、はぐらかされたと思うかもしれませんが、遺伝のことなど忘れて、「風に任せて」生きることもまたよし、だと思うのです。遺伝が煩わしいと思うなら、なおのことです。あなたが忘れても、遺伝は勝手に四六時中、自動運転しています。だからこそ忘れてしまってかまわないのです。遺伝学がこの世に誕生するはるか昔から、多くの人々はそうして生きてきたのですから。

風に任せて生きればいいなんて、子どもをもったことがないからいえる無責任な考えだ。親も子ども自身も、ここまで努力してきたのに、どうしてそれが諦められようか。それでも諦めねばならないこの気持ちがわかるか、と問いつめられそうですね。実際、その敗北を敗北とみなさないで、前向きな力に変えられることを教えてくれる人もたくさんいます。

それはそれで貴重な生きる知恵です。

「素質に合う」は実在しない

ただ行動遺伝学者としてもう一言つけ加えさせていただくと、そもそも自分の遺伝子たちにぴったり合った環境に出会うことなど、理論的に絶対あり得ないのです。なぜならこれまで説明してきたように、一人ひとりの遺伝子の組み合わせは、古今東西誰一人として同じものはない。唯一の例外は一卵性双生児ですが、その二人の間にも非共有環境からくる差異があらわれる。環境側がその無限ともいうべき遺伝と非共有環境の来歴の組み合わせがもたらす条件に、一つひとつ首尾よく完全にマッチさせられるはずがないのは、自明のことだと思いませんか。

子どもの遺伝的素質に合った教育環境や職業を選ぶにはどうしたらいいでしょうとよく質問されるのですが、それは「素質に合う」という状態がどこかに実在すると考えているから発せられる質問でしょう。しかしそんなことはいつまでたっても絶対に起こらないのです。生命体は常に環境との間にズレをもちながら、そのズレを少しでも小さくしようと認識を変えたり行動を変えたりし続けます。諦めるという行動も、そのズレを不断に修正する営みの一つにすぎません。

どんなみじめな諦め方を強いられた日があっても、その翌日から人生は続きます。この世の中は、そんな諦めを背負い続けながら生きている人たちであふれているのであり、その哀しさ口惜しさを知る人たちが社会をつくり続けているからこそ、その人の営みがどこかで誰かの役に立っているのだと思います。

そんなのはきれいごとだ。難しいのは、どこで諦める決意をするかじゃないのか？とも問いつめられそうですね。勉強してゆくと、どこかで壁にぶつかります。どんなに頑張っても伸びないときがあります。そのとき、これが自分の遺伝的素質の限界かという考えが頭をよぎるでしょう。どんなに努力してバットを振り、ダンスのトレーニングを積み重ねても、センスのいい人でなければ一流の野球選手やダンサーになれないといいます。自分のセンスのなさに気づいたときが、あるいはその道のプロからセンスのなさを指摘されたときが、諦めるときなのでしょうか。

行動遺伝学はそれに対して何が言えるでしょうか。

意外と思われるかもしれませんが、行動遺伝学研究で、学習の限界を証明したものは全くありません。ある時点における能力の達成の個人差に及ぼす遺伝の影響を明らかにすることはできます。

学業成績など、最も遺伝率の高いものです。しかしだからといって、微分積分を絶対に理解することができない脳のネットワーク回線が遺伝的に組み込まれていることを証明などしていないのです。いえるのは、その時点で、それまでに学習してきた結果としての能力の個人差に遺伝の影響が大きく関与しているということだけです。その人がそのままもっと長く学習を続けたら、別の学習方法を考案してみたら、あるいは一度中断して、別のことを学習してからまたその課題に戻ってきたら、そのときもできないかどうかはわからないとしか言えません。できる保証も、できない保証も与えられないのです。

たいがい諦めるときは、少なくともその時点で万策尽きたときでしょう。ちょっとしかやらず、すぐには成果が出ず、最初は全然面白みを見出せないことなど、どんな学習でも日常茶飯事です。そこで早々諦めさせるのは、そのときほかにもっとやった方がよいものがない限り、時期尚早です。しかししばらくやってみて、つまずいて、それでもやり方をいろいろ工夫をして変えても突破口が見出せなくなったとき、そこで諦めることは行動遺伝学的に正当化できると私は考えています。

諦める根拠を遺伝に求めて、その子が救われるのであれば、大いに行動遺伝学を利用すればよい。でも、そこでちょっとでも諦めきれない思いが残るとしたら、その思いをもつことにも何らかの遺伝的根拠があるはずですから、その無念さは大事に心のうちにしまっておきましょう。その子の別の能力がそれを別の形で生かすかもしれませんし、時間がたってもう一度やってみたら、案外すらっとできてしまうこともあるでしょうし、やはり八方ふさがりになって人生の無情にさらに打ちひしがれることになるかもしれません。申し訳ありませんが、行動遺伝学はそこまで予測することや、ましてや保証することはできないのです。

子どもの「好き」を大切に

もちろん子どもの意思を無視してまで、受験なり楽器なりスポーツなりに駆り立てる親を賛美するわけではありません。一方で「その子の〝好き〟を大切に」は、どの育児書にも書かれていることです。この世の無限な選択肢の中から、何か一つでも「好き」が見つかること自体、稀有《けう》なことで、仮に「下手《へた》の横好き」であっても、そこには何らかの遺伝的素質の発現があると考えられます。そもそもその「好き」が見つからない人も少なくありません。私が教えている大学生に、「君の趣味は？」とたずねても「特にありません」と答える学生が一人や二人ではないことに危機感を抱いたくらいでした。

また好きなものはあるけれど、それが特に人生をかけて追求するに値する「好き」といえるのか、子ども自身も親も、人様に向かって「私はこれが好きで好きでたまらないんです」と主張できるほどの確信がもてないような「好き」もあるでしょう。ですから「好きを大切に」と言われても、途方に暮れてしまう人も多いと思います。だからこそ、たわいもない日常の中の「好き」を大切にというこの育児書の常套《じょうとう》句は、それなりに意味があると私も思います。

ただ行動遺伝学者としてこの箴言《しんげん》に一言付け加えるならば、その「好き」の中に、ただ一時《いっとき》の感覚的なものだけでなく、何か「先」の見える気がするかどうかが重要なのではないかと考えています。こんなことをやってみたい、いまじゃなくてもいつかやれそうだ、それを自分でもできたらきっと楽しいだろうな……。そんなふうに単なる受動的な鑑賞者にとどまるのではなく、その能動的な当事者の立場がおぼろげにでも感じられるような「好き」です。

近年の脳科学は、脳のもつこのような「予測」の内的感覚の働きが、知覚や動機づけ、そして学習行動を導いているということを明らかにしつつあります。脳の構造は非常に強く遺伝の影響を受けていて、一人ひとり異なり、一卵性双生児の脳のＭＲＩ画像は、顔と同じくらい複雑なのによく似ています。それが生み出す予測モデルも、基本的には同じものになるであろうことは容易に想像できます。それが一人ひとりの個性や才能の源泉になっていると行動遺伝学者としての私は信じています。

　もしあなたの子どもが、いつの時点かで、あなたもわくわくするような個性や才能の芽生えをみつけたら、それはそれをより文化的に優れた形にするための教育環境を、できる限り、できる範囲で作ってあげることが大切でしょう。ましてや子どもが自分から何かを志してしまったら、もはや止めることはできません。志賀直哉《しがなおや》の「清兵衛《せいべえ》と瓢簞《ひょうたん》」のように止めても何かをしでかすでしょう。

　しかしもしうちの子どもにはなんの個性もない、なんの才能もない、なんにも志がないと感じたらどうすればよいのか。最近は学校でも、一人ひとりの子どもに「何ものかになること」を求めるようになってきました。これは諸刃の剣だと思っています。まず学校のような、ともすれば制度の中で形式的になりかねない環境で、そんなことをしても、素直に自分の「何ものかになる種」が芽をふかせるほど、遺伝的個性、遺伝的才能は強いものではないのです。そしてそんな微妙なものだからこそ、それを無理やりあからさまにさせようと、第三者が、仮によかれと思ってしたことであっても、かえってその純粋な遺伝的才能を見えなくさせ、結果的につぶしてしまう可能性もあるからです。

そもそも個性的であること、何らかの才能を発揮すること、志をもって人生を貫くことをよかれと考えること自体が、一時の流行にすぎません。ボトムラインは、まず生き抜くことです。それすら大事業です。個性や才能や志は、その人の時代と環境で見つかる人もいれば見つからない人もいる。それは遺伝と環境の条件の偶然が生み出す必然です。あなた自身の人生をふり返ってみても、そうだったのではないでしょうか。あなたのお子さんも、きっとその子なりに、その必然を生きていくはずです。

おわりに

　本書を最後までお読みいただいた方は、『遺伝は教育に勝てるか？』というタイトルに対して、どんな答えを得ることができましたか？　結局は教育は遺伝に勝つことができないんじゃないかという印象をもたれた方もいるでしょう。そうだとすれば成功です。なにしろ、行動遺伝学者として言いたかったことは、遺伝が教育に負けるほど弱くないということですから。

　ではこのタイトルの逆、つまり「遺伝は教育を打ち負かすほど強い」という話だったでしょうか。そうではなくて「遺伝をこの世界で形にしてくれるのが教育だ」「教育なしに遺伝は姿をあらわさない」というメッセージが伝わったとすれば大成功です。教育が遺伝的素質に文化的環境を与えてくれるからこそ、遺伝が表現される場がつくり上げられるのです。それが「教育が遺伝を乗り越えられる」「遺伝によらなくても教育でいかようにもつくり上げられる」と言っているわけではないことは、もうお分かりいただけたでしょう。

本書ではあまり前面に打ち出しませんでしたが、私は近年「進化教育学」という看板を掲げ、遺伝と進化と脳科学の視点から生物学的な教育学を構想しています。それは「教育」がヒトにとって進化的な産物で、ヒトを特徴づけるもっとも重要な生物学的特色だという前提に立った新しい教育学です。第3章で「ヒトは教育する動物である」と言ったのも、この考え方に立脚しています。ここでいう「教育」とは学校教育に限らず、誰かが創り出した知識を、その人が独り占めするのではなく、みんなで共有できるように学習を促す行動のすべてをさします。これはほかの動物にはほとんどできないことで、ヒトの脳のもつ特殊な機能がその背後にあると考えられます。そしてあらゆる能力に遺伝的個体差があるからこそ、何かにおいて優れた能力を発揮したり発明する人が生まれ、その知識をお互いに教育しあって学ぶことで、一個体ではとてつもなく弱い動物であるヒトが、この世で適応して絶滅することなく生き延びることができているのではないかと考えています（これについては拙著『なぜヒトは学ぶのか——教育を生物学的に考える』〔講談社現代新書、2018〕、拙編著『教育の起源を探る——進化と文化の視点から』〔ちとせプレス、2023〕をご覧ください）。

このように「教育」をとても広い意味で考えていますので、学校教育制度にうまく適応することには全くこだわっていません。むしろ教育が本来果たしている恩恵は、学校の先、つまり子どもの人生そのものにあると考えています。今回初めてご紹介した一卵性双生児の聞き書きによるライフヒストリーも、彼らがどのような人生を送ってきたか、そこで学校に限らず、親や、見知らぬ人や文化との出会いが、どのようにその遺伝的素質を発揮するきっかけになったかを描くための、重要なエビデンスでした。

この「おわりに」を、本書を読む前に目を通そうとされた方々には、これまで私が書いてきたものと大きく違う本書のウリが、第2章と第4章に紹介する、この一卵性双生児の「聞き書き」によるライフヒストリーの紹介にあることを意識して読んでいただきたいとお伝えしたいと思います。これは本書執筆のために初めて行ったものですが、行動遺伝学の新たな方法論でもあります。

このライフヒストリーは、私とのインタビューをただそのまままとめたのではなく、聞き手である私の言葉をすべて削除して、それを語り手の一人語りとして編集したものです。この「聞き書き」の手法は、作家・塩野《しおの》米松《よねまつ》氏が、宮大工や林業・漁業など、伝統産業にかかわる人たちの生きざまを生き生きと描くのに用いている方法を、その一番弟子である現ケンブリッジ大学研究員の代田《しろた》七瀬《ななせ》さんを通じて学ばせていただき、応用したものです（この手法は私の大学の授業でも利用して、学生に興味をもった人物の聞き書き作品をつくってもらい、それをもとにディスカッションをしています。本書ではその作品からも引用していきます）。本書ではそのごく断編しか載せていませんが、それを作品として全体を読むと、一人ひとりが自分の遺伝を、教育を生かしながら表現し、人生を作り上げていく様子をリアルに感じ取ることができます。双生児をはじめ、いろいろな人々の聞き書きはいまも現在進行形で進めており、事例を増やしつつあります。いつかこれらのライフヒストリーだけで、遺伝と教育に関する本をつくってみたいと夢想しています。

そういうわけで、まずお礼を申し上げたいのは、インタビューを快くお引き受けいただいたふたごの方々です。この話が、ただ「ふたごはやっぱり似ていて面白いね」に終わらず、遺伝の影響を示す事例として描くことができたのは、これまで一緒に行動遺伝学研究に携わってきた慶應義塾ふたご行動発達研究センターの研究プロジェクトにかかわってくれた共同研究者や研究アシスタントのみなさん、そして何よりも協力してくださったふたごのみなさんによる研究の蓄積があったからです。

本書の企画をご提案くださり、辛抱強く執筆にお付き合いいただいた朝日新書編集者の森鈴香さんにも心よりお礼申し上げます。森さんが手書きで書き込まれた細かな質問や意見に応えることで、本書の内容がさらに充実したものになりました。

本書の執筆をもって、本務校の定年を迎えることになりました。最後に40年あまりの人生をともに歩んでくれている、本人も一卵性双生児である妻、敬恵に謝意を伝えます。

２０２３年3月　著者

しか見当たりません。

参考文献について

行動遺伝学をふまえた教育を論じた自著以外の類書は、いまのところ残念ながらこの本しか見当たりません。

・キャスリン・アズベリー、ロバート・プローミン 著、土屋廣幸 訳（2016）『遺伝子を生かす教育——行動遺伝学がもたらす教育の革新』新曜社

著者のプロミン（私は彼をこう呼んでいます）は、もっとも著名な行動遺伝学者です。言語能力や算数、理科など、学力や教育に関連する調査項目を含めて、きわめて大規模な双生児縦断研究を長年にわたり実施していて、私も2013年に半年間、彼の研究拠点であるキングスカレッジ・ロンドンに訪問教授として滞在させてもらい、その研究の様子を学ばせてもらいました。この著作には彼らの研究成果をふまえて、本書以上に豊富に、教育、学習、知能、学力に関する行動遺伝学からの知見と提案が具体的に論じられています。

しかし自分でも不遜だとは思いますが、本書では彼らのこの本を全く参考にしませんで

した。なぜならこの本が基本的に学校教育のことだけを考えて書かれており、その中で少しでも成績を良くするには、遺伝をふまえた教育の個性化が必要だというありきたりな主張にとどまっているからです。それは私が一番したくない、行動遺伝学のもっともつまらない教育への応用と思っている書き方でした。40億年前に生命の源であるＤＮＡが地球に誕生して以来の遺伝の意味を、この十数年の学校教育の視点からしか考えないのは、あまりに「尺」が違いすぎると思われるのです。そもそも教育とは何か、学校教育とは何かをきちんと考え、学校以外の教育のことも射程に入れて、生物としてのヒトが、ヒトが生み出した文化の中で、本来の教育によってどう生きているのかを読み解かなければ意味がないという思いから書いたのが本書だったのです。

とはいえ、一般に行動遺伝学を通して関心をもたれるのは、学力に遺伝の影響があることを認めたうえで、それでも学習者はどのようにして学力を高めるか、あるいは学校の教師や教育制度を学習者の遺伝的多様性にどう適応させていくかという問題でしょう。これについてはこのアズベリーとプロミンの本が論じてくれています。行動遺伝学の学校教育への応用について知るには、この本は、いま日本で入手できる唯一のものとして意味があります。

ちなみに学校教育を超えて遺伝と教育の関係を生物学的に考えようという私のその思いを初めて著したのが次の本です。

・安藤寿康 著（2018）『なぜヒトは学ぶのか――教育を生物学的に考える』講談社現代新書

また同じく「ヒトにとって教育とは何か」という根源的問いに、錚々たる執筆陣を擁して進化理論と文化人類学から迫ったこちらの本もぜひ手に取っていただければ幸いです。

・安藤寿康 編著、亀井伸孝　小田亮　園田浩司　橋彌和秀　中尾央　中田星矢／竹澤正哲　明和政子　高田明　長谷川眞理子著（2023）『教育の起源を探る――進化と文化の視点から』ちとせプレス

行動遺伝学の学術的テキストとしては、次をご参照ください。

・安藤寿康 著（2014）『遺伝と環境の心理学──人間行動遺伝学入門』培風館

また私たちのふたご研究プロジェクトの成果を、以下のようにシリーズものとして一般向けに紹介させていただきました。

・敷島千鶴、平石界 編、安藤寿康 監修（2021）『ふたご研究シリーズ 第1巻 認知能力と学習』創元社

・山形伸二、高橋雄介 編、安藤寿康 監修（2023年8月に刊行予定）『ふたご研究シリーズ 第2巻 パーソナリティ』創元社

・藤澤啓子、野嵜茉莉 編、安藤寿康 監修（2021）『ふたご研究シリーズ 第3巻 家庭環境と行動発達』創元社

安藤寿康 あんどう・じゅこう

1958年東京都生まれ。慶應義塾大学文学部卒業後、同大学大学院社会学研究科博士課程単位取得退学。慶應義塾大学名誉教授。教育学博士。専門は行動遺伝学、教育心理学、進化教育学。日本における双生児法による研究の第一人者。この方法により、遺伝と環境が認知能力やパーソナリティ、学業成績などに及ぼす影響について研究を続けている。『遺伝子の不都合な真実――すべての能力は遺伝である』(ちくま新書)、『日本人の9割が知らない遺伝の真実』『生まれが9割の世界をどう生きるか――遺伝と環境による不平等な現実を生き抜く処方箋』(いずれもSB新書)、『心はどのように遺伝するか――双生児が語る新しい遺伝観』(講談社ブルーバックス)、『なぜヒトは学ぶのか――教育を生物学的に考える』(講談社現代新書)、『教育の起源を探る――進化と文化の視点から』(ちとせプレス)など多数の著書がある。

朝日新書
915

教育《きょういく》は遺伝《いでん》に勝《か》てるか?

2023年7月30日第1刷発行

著者　安藤寿康

発行者　宇都宮健太朗

カバーデザイン　アンスガー・フォルマー　田嶋佳子

印刷所　凸版印刷株式会社

発行所　朝日新聞出版
〒104-8011　東京都中央区築地5-3-2
電話　03-5541-8832（編集）
03-5540-7793（販売）

Published in Japan by Asahi Shimbun Publications Inc.
ISBN 978-4-02-295216-5
定価はカバーに表示してあります。

落丁・乱丁の場合は弊社業務部(電話03-5540-7800)へご連絡ください。
送料弊社負担にてお取り替えいたします。

自分が高齢になるということ【完全版】

和田秀樹

「ボケは幸せのお迎えである」――高齢者の常識を次々と覆してきた老年医学の名医が放つ新提唱！ セカンドステージが幸福に包まれる、とっておきの秘訣とは⁉ 老いに不安を抱くすべての人のバイブル！ 10万部ベストセラーの名著が書き下ろしを加え待望復刊‼

早慶MARCH大激変
「大学序列」の最前線

小林哲夫

早慶MARCH（早稲田・慶應・明治・青学・立教・中央・法政）の「ブランド力」は親世代とは一変した！ 難易度・就職力・研究力といった基本情報からコロナ禍以降の学生サポートも取り上げ、各校の最前線を紹介。親子で楽しめる一冊。

徳川家康の最新研究
伝説化された「天下人」の虚像をはぎ取る

黒田基樹

実は今川家の人質ではなく厚遇されていた！ 嫡男と正妻を自死に追い込んだ信康事件の真相とは？ 最新史料を駆使して「天下人」の真実に迫る。通説を覆す新解釈が目白押しの刺激的な一冊。〝家康論〟の真打ち登場！ 大河ドラマ「どうする家康」をより深く楽しむために。

60歳からめきめき元気になる人
「退職不安」を吹き飛ばす秘訣

榎本博明

退職すれば自分の「役割」や「居場所」がなくなると迷い悩むのは間違い！　やっと自由の身になり、これから輝くのだ。残り時間が気になり始める50代、離職して途方に暮れている60代、70代。そんな方々のために、心理学博士がイキイキ人生へのヒントを示す。

アベノミクスは何を殺したか
日本の知性13人との闘論

原　真人

「日本経済が良くなるなんて思っていなかった、でもやるしかなかった」（日銀元理事）。史上最悪の社会実験「アベノミクス」はなぜ止められなかったか。どれだけの禍根が今後襲うか。水野和夫、佐伯啓思、藻谷浩介、翁邦雄、白川方明ら経済の泰斗と徹底検証する。

教育は遺伝に勝てるか？

安藤寿康

遺伝が学力に強く影響することは、もはや周知の事実だが、誤解も多い。本書は遺伝学の最新知見を平易に紹介し、理想論でも奇麗事でもない「その人にとっての成功」（＝自分で稼げる能力を見つけ伸ばす）はいかにして可能かを詳説。教育の可能性を探る。

シン・男はつらいよ
右肩下がりの時代の男性受難

奥田祥子

「ガッツ」重視の就活に始まり、妻子の経済的支柱たることを課せられ、育休をとれば、肩書を失えば、同僚らから蔑視される被抑圧性。「男らしさ」のジェンダー規範を具現化できず苦しむ男性が増えている。誰もが生きやすい社会を、詳細ルポを通して考える。